LE PASSAGE

101 rappels pour garder le sourire et manifester du leadership quelles que soient les situations

LE PASSAGE

The H&C Group

Achevé d'être imprimé le 14 juillet 2018
Tous droits réserves @Hermann H. **CAKPO**

AVANT PROPOS

TOUT EST PASSAGE

Il y a une question que nous sommes souvent tentés de poser ou de nous poser au sujet d'un leader : « Comment arrive-t-il à garder souvent si son sang froid ? ». La réponse est très simple : Il sourit et laisse passer !

Le leader sait tout simplement que tout finit par passer. Il sait très bien qu'il y a des choses qui n'auront plus aucun sens dans quelques jours, dans quelques semaines, dans quelques mois et dans quelques années…Lorsqu'il tombe sur ces choses-là, il se dit : « Ceci n'a aucun avenir, pourquoi je vais y mettre mon temps et mon énergie? ». Au fait, pourquoi investir son temps, son argent et son énergie dans des situations qui ne vont pas durer et qui vont passer très vite ?

Vous imaginez combien de choses surviennent et qui n'ont pas une durée de vie ni un impact de plus d'une heure mais peuvent voler notre joie de vivre, notre bonheur, notre concentration, notre orientation résultat, notre capacité à produire du résultat…notre capacité à réagir comme un leader, notre capacité à manifester du leadership ?

Une injure, une injustice, une défaillance, un mauvais conducteur qui nous fait une queue de poisson, un collaborateur qui a oublié une tâche importante, une provocation inutile par email, l'enfant turbulent qui a cassé un verre, un fournisseur qui fait une livraison en retard, un patron qui aboie sur nous au téléphone, un créancier qui pense qu'il a droit de vie ou de mort sur nous, une épouse qui est impatiente parce que nous faisons plusieurs détours avant d'acheter ce champoing dont elle a besoin, un Smartphone perdu, un époux qui n'a pas apprécié à sa juste valeur ce mets qui a pris trois (3) heure pour être préparé…

Un joueur qui a commis une grave erreur qui coûte la qualification à notre équipe préférée, une clé perdue, un ordinateur qui refuse de démarrer, une élection perdue, un enfant qui a manqué sa moyenne pour le trimestre, des coupures d'électricité intempestives, un vol annulé...

Rien de tout ça n'aura de sens au-delà de cinq (5) ans et pourtant nous pouvons leur donner une valeur éternelle, y mettre abondamment notre énergie et en faire la fin du monde pensant que la vie ne va pas continuer...La vie va continuer, c'est pourquoi il faut garder le sourire !

Comme le disent les Hispaniques, « quel que soit ce qui se passe la vie va continuer ». Alors il faut mieux sourire, laisser passer et revenir au vrai sens de la vie, aux vrais objectifs qui comptent, à la mission utile et aux sources de bonheur culminant...sourire, apprécier l'appréciable, valoriser, se valoriser, se montrer affectueux, servir, pardonner, laisser couler, aller à l'essentiel, s'orienter, lâcher prise, apprécier, vivre le moment présent...manifester du leadership !

Ces choses peuvent faire arrêter le temps et nous faire profiter de chaque moment, nous enrichir, nous élever, nous valoriser, nous donner de l'énergie, nous faire espérer, nous faire avancer...

Pourquoi ne pas s'arrêter lorsque la difficulté, l'adversité et la complexité viennent nous challenger et nous demander : « Laquelle de ces choses aura-t-elle encore du sens dans quelques jours, dans quelques semaines, dans quelques mois, dans quelques années? ».

Il n'y en aura que peu. Tout va passer, et ça va passer. Tout finit toujours par passer. Et rien de ce qui se passe ne doit nous enlever notre pouvoir de nous élever, de sourire et d'incarner ce que nous avons de mieux, à moins que nous pensions que ce qui se passe est la fin de toute chose, une catastrophe irréversible...Si ce n'est pas le cas, il faut laisser passer, sourire, se montrer grand, se montrer plus grand et sourire à l'idée de finir par triompher et de finir par s'imposer comme l'homme ou la femme de la situation, de révéler la qualité de son leadership !

Il existe chez chacun de nous une forte capacité de résilience et de performance adaptative que nous pouvons cultiver et améliorer pour mieux faire face à l'adversité, rester serein, sourire malgré les désastres en cours et aller puiser au fond de nous-mêmes les solutions inédites pour gagner les batailles intérieures, prospérer de l'intérieur vers l'extérieur, reprendre le contrôle, avoir des réactions et attitudes qui sont dignes de notre rang et de notre statut – bref manifester constamment du leadership...

Mon objectif en écrivant ce livre, c'est de me faire votre partenaire dans la sérénité et la manifestation du leadership. Mon objectif est que tous et chacun nous réussissions à chaque fois à retourner à notre force intérieure, à notre grandeur immense, devenir maitre ou maîtresse de nos défis et des situations qui viennent challenger nos sérénités quotidiennes et notre capacité à rester aligné sur les phares de l'excellence et de l'incarnation du rang dont nous sommes dignes...

Au cours des 15 dernières années, j'ai testé des clés et des façons de gérer les complexités qui m'ont permis de savoir garder le sourire, de rayonner de l'intérieur vers l'extérieur et rester libéré de toute exigence de perfection et de toute norme sociale d'apparence de rectitude...Je les ai utilisées avec mes clients et j'en suis venu à l'idée qu'on garde toutes ses chances de conserver sa capacité à manifester du leadership et prendre de la hauteur quelles que soient les situations...

J'ai compilé dans ce livre ces clés, règles et méthodes simples pour savoir prendre de la hauteur, adopter l'attitude supérieure en toute circonstance, penser et agir correctement sous pression, faire rayonner votre leadership et rejoindre la ligue des gens dont on dira qu'ils savent faire preuve d'un leadership exemplaire...

Vous pouvez gagner et vous allez triompher de toutes les situations et relever la tête en leader....L'essentiel est de vous rappeler constamment que tout finit par passer...Donc ces instants, dont les prochains, tout passera et aucune occurrence ne mérite votre tristesse ni n'a assez de force pour vous faire perdre pieds...et vous faire oublier de manifester du leadership !
Gagnez la bataille intérieure ! Souriez ! Visez haut ! Visez grand ! Surfez vers des échelles supérieures ! Soyez plus grand que ce qui arrive ! Soyez plus fort que ce que les autres font ! Faites la seule chose qui vous fera mériter le titre de leader ! Prenez à chaque fois de la

hauteur ! Elevez votre leadership ! Adoptez constamment une attitude supérieure ! Dépassez les évidences ! Domptez l'adversité par le sourire ! Soyez grand ! Gardez constamment le sourire ! Manifestez constamment du leadership !

Voilà l'élan vers lequel ce livre veut vous porter ! Empruntez le passage et réalisez le meilleur de votre leadership !

Entretemps, je me mets à votre disposition ; si vous avez question, avez besoin d'information et de formation complémentaires ou pensez qu'un accompagnement personnalisé vous permettra d'aller plus loin dans votre capacité à manifester constamment du leadership, ce sera avec plaisir que notre équipe The H&C GROUP se mettra à votre disposition. Contactez-nous par:
 **Email : h.cakpo@hcbusiness.com
et Whatspp : +225 48910893 !**

Rendez-vous au sommet !

Hermann H. CAKPO

Accra, le 14 juillet 2018

1.

LAISSEZ PASSER L'ORAGE

Lorsque tout s'alarme, le leader se calme. Il laisse passer la tempête, prend le recul pour savoir comment réorienter sa vision, ses intentions et ses actions dans le sens du bon vent.

La phrase magique reste la même : «Un instant : ce n'est pas le moment d'agir». Sinon qu'est-ce qui fait la différence entre les leaders et les autres si ce n'est le recul pour assurer la profondeur de l'analyse et de la vision, pour savoir exactement la meilleure façon d'aborder la riposte, la contre-attaque ou la revanche ?

Dans un calme stratégique et presque mesquinement assassin, ils attendent que les agitateurs et les agités vident leurs cartouches et déballent tout ce dont ils sont capables. C'est alors qu'ils lancent leur bel assaut avec tact, stratégiquement et avec enchaînement.

Le principe est simple : faire croire à tout le monde qu'on n'a pas de stratégie, qu'on accepte tout et vraiment accepter tout, laisser passer, laisser couler et laisser les gens pressés se précipiter dans leurs propres précipices.

Si j'avais à devenir un leader, je ne suivrai jamais le rythme des gens qui veulent démontrer qu'ils sont forts et malins (stratèges) que moi. Je les laisserai faire et leur donnerai toute l'impression qu'ils ont droit à tout et qu'ils peuvent tout se permettre et que je n'exige rien d'eux. Ils auront l'impression qu'ils ont conquis le terrain et qu'ils ne m'ont rien laissé.

Mais il me restera une bonne nouvelle dont je peux me contenter : «Je n'ai jusque-là pas montré ce dont je suis capable».

Dans nos vies, dans nos rapports, chaque jour, voulu ou pas voulu, nous avons constamment affaire à des gens qui n'ont qu'une idée en tête : Démontrer qu'ils sont surpuissants et qu'ils ont droit à tout et qu'on doit tout leur offrir. Ils font étalage de leurs moyens lourds et leur arsenal de réseaux et de pouvoir d'argent. Ne vous laissez pas intimider - du moins, donnez-en l'impression si c'est nécessaire.

Faites profil bas ! N'exposez rien ! N'exigez rien ! Laissez-les faire battre leurs tambours orageux et quand le moment viendra, faites savoir à tout le monde et à qui doit le savoir - de quel bois vous vous chauffez.

Les faibles n'ont qu'une seule stratégie : Faire violence et faire du bruit pour faire croire qu'ils sont forts. En réalité, c'est la peur de se voir révéler leurs faiblesses qui les oblige à faire étalage d'une fausse puissance. Si vous vous en rendez compte, souriez et conservez votre réaction pour plus tard. Laissez-les cogner le mur de leur propre enthousiasme et de leur agitation et rappelez-vous : s'ils ne vous redoutaient pas, ils ne sortiraient pas la grande artillerie.

Si vous ne combattez pas et laissez passer l'orage, ils ne sauront jamais ce dont vous êtes capable ! Calmez-vous quand ça s'alarme. Souriez quand ça semble pourri ! Observez quand ça s'agite. Vous ne pouvez pas voir clair avant la fin de la tempête de sable.

Prenez l'ascendance intérieure ! Conservez votre sérénité stratégique ! Laissez passer et ensuite passez calmement !

2.

CEDEZ LE PASSAGE AUX BELLIQUEUX ET AUX PROVOCATEURS

Lorsqu'un leader sait clairement quels sont ses objectifs, il manage stratégiquement ses ressources et dribblent les belliqueux et les provocateurs.

Vous avez préparé votre présentation pour la réunion du CODIR. Vous êtes bien dans votre élément depuis le début de la présentation. Voici qu'un perturbateur prend la parole et décide de vous déstabiliser par son jugement et son commentaire désobligeant. Vous savez quoi ? Il s'est préparé pour vous déstabiliser.

Imaginez un instant ce à quoi vous êtes préparé ! CARTONNER. Alors, dribblez-le ! Et concentrez-vous sur votre objectif de départ. Cédez-lui calmement le passage en lui disant : «Je trouve votre remarque pertinente et en tiendrai compte» ou encore «Je comprends parfaitement le point que vous soulevez. Quelles sont vos suggestions pour parfaire ce que nous avons pu exposer ?» ou «Vous avez parfaitement raison. Je tiendrai compte de vos remarques et suggestions. Merci beaucoup. Avez-vous un autre point ?».

Vous vous dites peut-être : «Comment réussir à avoir une telle maîtrise ?».

1) Okay, commencez par vous dire que quoi qu'il en soit, vous allez céder le passage aux provocateurs : «Qu'ils passent avec leurs ambitions belliqueuses. Je poursuivrai mon chemin».

2) Gardez clairement votre objectif en tête. Et certainement il ne consiste pas à répondre aux provocateurs. Demandez-vous : «Quel était déjà mon objectif avant de démarrer ?»

3) Dès que la provocation se met en branle, répétez silencieusement : «Je sais quel est mon objectif. Tu ne vas pas m'en distraire. Je sais ce que je veux. Je reste concentré»

4) Souriez et dites : « Je cède le passage. On ne cherche pas palabre où il n'y en a pas. Et puis je connais mon objectif. Je bifurque à gauche et je reprends mon chemin ».

Certaines personnes n'ont l'impression d'avoir de la valeur que lorsqu'ils réussissent à déstabiliser les autres et les faire sortir de leurs gongs. Faites-vous la promesse de ne pas les aider dans leurs objectifs. S'ils vous provoquent, reculez et bifurquez. Ils ne veulent qu'une chose, que vous entriez dans l'arène et perdiez de vue votre objectif. Ne leur donnez pas cette opportunité.

Prenez l'ascendance intérieure ! Conservez votre sérénité stratégique ! Laissez passer et ensuite passez calmement !

3.

SE CONCENTRER SUR LE RESULTAT A ATTEINDRE

Les gens qui n'ont pas d'objectif de vie, ni aucun enjeu sérieux et aucun défi qui appelle leur responsabilité n'ont plus qu'une chose à faire : «Donnez leur opinion sur ce que les autres font et ce que les autres doivent faire».

Les leaders quant à eux, ont trop de défis à relever pour avoir le temps de donner leurs avis sur ce que les autres font.

Clarifions les choses : «Si vous vous surprenez en train de parler de ce que les autres font par rapport à leurs projets et objectifs de vie, sur le moment vous n'êtes certainement pas en train de travailler sur vos projets et objectifs. »

C'est la raison pour laquelle je me garde de faire des commentaires politiques, puisqu'au moment où j'en faisais je n'ai vu aucun de mes objectifs atteints plus rapidement parce que j'aurais donné des éclairages pertinents.

J'aime mes objectifs et je les préfère à tout le reste. Et je m'oblige à me concentrer sur mes objectifs. Voici ce que je fais :

1) Je récupère l'énergie mise initialement dans les commentaires sportifs pour la réorienter vers la méditation sur la réalisation de mes objectifs.

2) Je refuse de me laisser atteint par les provocations en direct et

me demande : «Quel est l'objectif que je voulais atteindre déjà ?»

3) J'accepte que les autres ne soient pas parfaits et n'aient pas fait le travail à faire et me demande : «Et moi ? Comment je fais pour parfaire les choses ?»

4) Lors des tentations et suggestions, Je me dis : «C'est intéressant. Mais en quoi cela va me permettre d'atteindre mes objectifs ?».

Il est facile de laisser passer tout le reste et de garder le sourire lorsqu'on sait clairement quels sont ses objectifs et ce qu'on doit faire pour les atteindre.

Qu'est-ce qui tente si souvent de nous enlever le sourire et nous distraire de nos objectifs ? Les événements imprévus très perturbants et déstabilisants ? Notre sérénité dépend en effet non de comment nous les gérons mais de comment nous refusons d'en faire nos objectifs et nous concentrer sur nos objectifs de départ.

Vous devez prendre la route et la pluie commence ? Concentrez-vous sur l'objectif ! Ignorez la pluie ou prenez des dispositions si nécessaire mais n'oubliez pas les objectifs ! La pluie ne vous donnera pas le sourire si vos objectifs ne sont pas atteints à cause de la pluie.

Le retard des autres ne vous donnera pas le sourire si vous n'atteignez pas vos objectifs à cause du retard des autres.

Aucune personne, aucune circonstance ou aucun événement ne vous donnera du sourire si vous vous distrayez de vos objectifs. Et personne ne peut manifester du leadership s'il continue de rater ses objectifs pour de bonnes raisons.

Gardez le sourire et ignorez les circonstances contraignantes ! Concentrez-vous sur les objectifs et trouvez des moyens de les atteindre ! À la fin de la journée, seuls des objectifs atteints vous donneront du sourire et vous feront gagner sur la durée ! Regardez à vos objectifs atteints et gardez le lead !

4.

LAISSEZ DE COTE LES SENTIMENTS

Les pleurs et les plaintes peuvent nous faire obtenir de la pitié, de la compassion et de l'aide mais les situations délicates ne les sentent pas et donc ne peuvent pas en tenir compte.

Lorsqu'il y a des situations sérieuses à gérer la plupart des gens pensent vraiment que ce qu'ils en pensent et ce qu'ils sentent personnellement comptent.

C'est alors que très rapidement, ils se lancent dans les commentaires et les litanies :

1) «C'est inadmissible. Comment peut-il faire une chose pareille ?». Au fait il l'a déjà fait. La question est de savoir comment en tirer les meilleures leçons et atteindre les objectifs de départ. Ce que vous sentez ou en pensez n'a pas d'importance.

2) «Comment peut-il me faire une chose pareille ?». À qui d'autre devrait-il le faire ? De toutes les façons, Il l'a fait. La question est de savoir comment en tirer le meilleur pour réussir avec ou sans lui.

3) « Nous on est pas d'accord. Ça ne passera jamais ainsi». Si vous avez vraiment les moyens de l'empêcher, autant commencer par les utiliser au lieu de continuer à râler. Si vous n'avez aucun moyen de l'empêcher, autant utiliser les ressources du moment pour s'entraîner à s'adapter.

4) «Il m'a fait ça ? Je vais lui montrer de quel bois je me chauffe». C'est top ! Au fait une fois que vous allez finir de vous venger, qu'allez-vous faire donc ? Pourquoi ne pas utiliser vos ressources pour vous concentrer sur cela plutôt ?

Un jour alors que je travaillais avec les membres de ma famille pour mobiliser des fonds pour relever un défi, l'un d'entre eux vint me dire qu'il avait contacté un ami à moi et qu'au fond, il se réjouit du fait que je suis dans un sale pétrin.

Je souris. Voyant que je n'avais pas pris au sérieux son commérage, ma sœur commenta : «Hermann ne veut pas ouvrir les yeux. Il pense que les gens sont bien intentionnés».

Je lui répondis : «J'ai pris note de ce que tu as dit. Maintenant si je laisse cela me choquer et me blesser en quoi cela nous permet-il d'atteindre facilement l'objectif pour lequel nous nous battons actuellement?».

Elle avait compris que cela n'allait pas nous faire avancer. Alors je lui dis : «On se concentre sur l'objectif ? Pour le reste on verra plus tard, n'est-ce pas ?»

Elle me dit : «Oui c'est vrai. On se concentre sur l'objectif».

Nos sentiments ne comptent pas quand il faut relever les défis essentiels. Si nous pensons devoir consacrer notre temps, notre énergie et notre argent à exprimer nos sentiments, nous les gaspillons inutilement.

À vrai dire, lorsqu'il y a un objectif à atteindre et qu'on le connait clairement, il ne faut vraiment pas perdre du temps sur ce qu'on sent personnellement. Ce qui compte c'est comment nous voulons nous sentir et ce que nous devons faire pour y arriver.

Soyez sélectif quant à ce à quoi vous consacrez votre énergie ! Déémotionnalisez les défis ! Orientez utilement votre passion ! Allouez stratégiquement vos ressources ! Gagnez les batailles essentielles !

5.

SI UNE PERSONE A LE TEMPS DE S'EN PRENDRE A VOUS, NE LUI EN RAJOUTEZ PAS

L'une des façons de se ménager la vie, c'est de se rappeler : « Si une personne a le temps de s'en prendre à moi, Je ne devrais pas lui en rajouter»

La plupart des gens vivent mal et perdent le sourire tout simplement parce qu'ils sont hantés par des ennemis imaginaires qu'ils considèrent comme la cause actuelle et potentielle de leurs déboires.

Le paradoxe avec cet état de chose, c'est qu'ils passent finalement plus de temps à redouter et lutter contre leurs ennemis imaginaires que ces derniers n'en passent réellement à les attaquer.

Les noirs (africains, afro-européens, afro-américains) pensent en grande majorité que les blancs sont ultra-racistes, les détestent (méprisent) et ne souhaitent qu'une chose : leur extinction. Dieu seul sait si les blancs dans leur grande majorité ont jamais voulu l'extinction de la race noire !

Certains membres des églises nouvelles et des communautés nouvelles vivent avec la hantise que l'auteur du mal (le diable) fait planer l'épée assassin sur leur toit et fait voler la menace de mort dans leurs maisons, bureaux et partout alors que la Bible précise bien : Si Dieu est pour nous qui sera contre nous (Romain : 8:31).

Que dire des femmes qui veulent bien se marier et fonder des couples hétérosexuels mais pensent qu'un homme sera la source de tous les ennuis qu'elles puissent alors avoir ? On appelle cela mourir de la violence d'un ennemi imaginaire...

Que nos ennemis soient réels ou imaginaires, ils ne méritent pas que nous leur consacrions notre temps !

Considérez que vous n'avez pas d'ennemis. Et si une personne pense que vous êtes son ennemi, laissez-le utiliser son temps à vous détester jusqu'à ce qu'il n'en ait plus si possible.

Passer son temps à détester une personne, c'est comme préparer la vengeance contre une personne ; elle vous a déjà détruit avant que vous ne vous en preniez à l'ennemi. Et si une personne pense que vous êtes son problème, cédez-lui sa place ! Laissez-le être !

Consacrez votre temps à avancer et à aller de l'avant. Énervez vos ennemis par votre imperturbabilité. Gagnez la bataille intérieure et cédez le passage à qui veut prendre du plaisir à vous détester. Elevez le débat ! Trouvez vos priorités ! Montrez-vous grand ! Manifestez du leadership !

6.

PRIVILÉGIEZ VOTRE BONHEUR

Le but de la vie, c'est d'être heureux, se sentir bien dans sa peau et d'avoir le sentiment d'être utile à quelque chose. C'est un objectif existentiel et déterminant pour la qualité de votre vie sur terre.

Et pour s'assurer cette qualité de vie, il faut le manager avec égoïsme et égocentrisme. Paradoxal ?

En effet, personne n'a la responsabilité de vous rendre heureux si ce n'est vous-même. Et comme souvent les événements, les interprétations et les besoins de réaction peuvent nous rendre malheureux, il faut s'exercer à tout faire pour :

1) Ne pas compter les événements qui peuvent nous voler notre joie de vivre.

Il y a un tremblement de terre en Turquie, Israël bombarde des innocents à Gaza, la Guinée Bissau est à nouveau entrée en crise politique, un enfant de 5 ans a été retrouvé décapité à Yopougon... Ces événements vont-ils vraiment vous faire du bien si vous leur consacrez du temps ? Sinon laissez-les être, laissez-les passer, cédez le passage.

2) Ne pas faire des interprétations qui peuvent voler notre joie de vivre.

Ce collègue veut continuer de vous saboter la vie ? Il vient de vous envoyer un email humiliant avec toute la hiérarchie en copie. Pourquoi ne pas vous dire que l'email vient non d'une personne qui vous en veut mais d'une personne en détresse émotionnelle qui a besoin d'attention et d'affection ? Pourquoi ne pas vous dire : « Le pauvre, il a besoin de se faire remarquer. Je vais l'aider en lui donnant raison. Peut-être que ça l'aidera ? ».

Mince ? Pourquoi vous allez faire cela, aussi «bêtement» ? Parce que vous êtes jaloux de votre joie de vivre et de votre bonheur et ne voulez pas le perdre à cause d'une personne en crise personnelle qui veut s'en prendre à vous.

3) Ne pas réagir d'une manière qui vous fasse mal et vous vole votre joie de vivre.

Vous êtes tenté de répliquer à ce provocateur et d'attaquer cet « imbécile » ?. Arrêtez-vous et demandez-vous : «Ceci va-t-il vraiment contribuer à ma joie de vivre, à mon bonheur et à l'élévation de mon leadership ?». Si ce n'est pas le cas, ralentissez et laissez couler.

Vous imaginez ? Une personne trace un parcours glissant et vous dit : «Viens. On va voir celui qui peut courir plus vite». Allez-vous le suivre dans son précipice ? Allez-vous le laisser vous voler votre sérénité et votre joie de vivre ? Dites-lui : «Non ! Je ne vais pas te suivre. Je suis un leader. Je tiens à mon bonheur. Je ne vais pas te laisser voler ma joie de vivre.

Laissez couler ! Rentrez dans le flot de la grâce ! Travaillez à votre bonheur ! Privilégiez votre joie de vivre. Manifestez du leadership et ne laissez personne vous manipuler ni vous distraire de vos idéaux ! Montrez-vous grand ! Prenez de la hauteur ! Adoptez l'attitude supérieure !

7.

NE LAISSEZ PAS L'APPRÉCIATION DES AUTRES CONDITIONNER VOTRE JOIE DE VIVRE

Si les gens vous apprécient, c'est super ! S'ils ne vous apprécient pas tant pis pour eux. Le plus important, c'est d'être conscient de ce que vous faites, de l'améliorer constamment et de continuer de faire de très bonnes choses...Qui sait ? Un jour ils seront obligés de vous aimer.

Vous avez fait un post depuis 2h mais les « likes » ne suivent pas ? Peut-être que personne n'a encore vu ça ! Si c'est pertinent et que les gens n'aiment pas, contentez-vous de sa pertinence ! C'est ce qui fait de vous un leader !

Vous vous êtes décarcassé pour rendre un service à ce type mais il ne semble pas montrer de la reconnaissance ? Contentez-vous d'avoir fait la bonne chose à faire, c'est ce qui fait de vous un leader !

Vous auriez aimé que ce groupe de gens qui sont venus vous solliciter vous montre plus de considération et vous réserve un accueil royal mais ils ont fait moins que ce qu'une personne de votre rang mérite ? Ne vous en faites pas...Vous n'avez pas accepté être là pour les honneurs ? Vous vouliez rendre service...N'est-ce pas ? C'est fait ! Et c'est ce qui fait de vous un leader !

Vous avez un rendez-vous avec ce jeune dirigeant qui vous fait poireauter depuis plus d'une heure et vous êtes sur le point de vous en aller parce que vous pensez qu'on vous manque de considération ?

Attendez ! Avant de décoller, demandez-vous si vous allez atteindre l'objectif pour lequel vous êtes là en partant sur le coup de la colère ? Si ce n'est pas le cas, restez orienté résultat ! Elevez votre niveau !

Vous êtes en négociation avec une personne dont vous avez besoin mais qui vous fait chanter ? Okay ! Vous avez la possibilité de vous lever de la table de négociation parce que vous risquez de vous faire ridiculiser. Mais avant d'avancer, demandez-vous si vous allez atteindre l'objectif en jeu en claquant la porte ainsi. Si vous n'en avez pas l'assurance, ralentissez et oubliez ce que vous sentez personnellement

Lorsque les enjeux sont importants, les leaders savent se dire que l'objectif à atteindre est plus important que le traitement qu'on leur fait subir personnellement. Il n'y a que peu de leaders qui soient rentrés dans l'histoire s'ils ne font pas partie de ceux qui ne laissent pas les souffrances et humiliations qu'on leur fait subir leur faire oublier ce pourquoi ils se battent pour leur rêve, la vision et l'idéal commun.

Laissez les irrespectueux et méprisants être irrespectueux et méprisants ! C'est le niveau le plus élevé de maturité et de dignité qu'ils peuvent manifester ! Prenez le lead ! Manifestez un niveau de leadership supérieur ! Pardonnez ! Gardez le sourire et montrez par votre attitude qui est prêt à payer le prix du leadership ! Montrez-vous grand ! Prenez de la hauteur ! Manifestez du leadership !

8.

NE METTEZ PAS DE L'ACIDE DANS VOTRE SOUPE

Cette vie que nous menons a un goût. Elle peut être amère ou délicieuse. Mais tout dépend des ingrédients que nous y mettons. Tout dépend du chef !

Imaginez qui est le chef de cuisine de chacune de nos vies ! Nous-mêmes !

Vous êtes le chef de cuisine de votre vie. Votre vie est une soupe que vous préparez. Faites attention à ce que vous y mettez comme ingrédients. N'y mettez surtout pas de l'acide.

Vous avez pris votre voiture ce matin et cet automobiliste ose vous faire une queue de poisson ? Attention, Il va rendre votre journée acide si vous vous arrêtez sur son attitude ! Bifurquez à gauche et poursuivez votre journée.

Vous avez passé une excellente journée jusque-là ? Sur 6 tâches importantes vous avez pu terminer avec satisfecit 5 tâches et la 6ᵉ est en attente de conclusion heureuse. Voici qu'on vient vous annoncer une nouvelle qui tombe mal. Ne vous en faites pas. Elle n'est pas encore dans la soupe. Vous êtes le chef, vous pouvez choisir de l'égrener dans la soupe. Pas besoin de vous rappeler que vous risquez d'aciduler votre soupe... Ne gâtez pas votre journée ! Rendez grâce pour les bonnes nouvelles de la journée à moins de vouloir préparer une soupe pour le reste de votre journée, de votre soirée et de votre semaine.

Vous êtes rentré chez vous pour prendre une bonne douche, consacrez du temps à vos enfants et à votre conjoint (e). Voici que Madame ou Monsieur est pris par l'un de ses sauts d'humeur. Voyons : Le chef de cuisine a de l'acide sur la table. Il peut choisir de mettre ça dans la soupe de la soirée. Attention, ne vous laisser pas emporter ! (Chaque conjoint(e) a une bonne méthode pour calmer son partenaire. Vous devez en avoir vous aussi.)

> Souriez et dites-lui : «Tu as certainement raison. Laisse-moi régler ça ! Pendant ce temps, tâchons de passer une belle soirée toi et moi. On est tous fatigué et nous méritons de passer de bons moments ensemble ! Qu'est-ce que tu en penses ?
>
> Vous êtes un bon chef et personne ne peut rien mettre dans votre soupe sans votre autorisation et votre avis. N'est-ce pas ?

Laissez couler tout ce qui risque d'aciduler vos bonnes journées et votre belle vie. Soyez sélectif quant à ce à quoi vous consacrez votre esprit. Laissez passer, laisser couler tout ce qui risque de gâter vos journées et votre vie. Gardez la tête froide ! Restez leader ! Assaisonnez soigneusement votre vie, Grand Chef ! Montrez-vous grand ! Prenez de la hauteur ! Manifestez du leadership !

9.

LAISSEZ LES AUTRES ÊTRE. LAISSEZ COULER LEURS ATTITUDES

L'autre façon de se faire chiper sa sérénité et sa joie de vivre, c'est de vouloir dicter comment les autres devront être, ce qu'ils devraient faire ou ne pas faire.

Si éduquer les autres est l'une des responsabilités des leaders, la meilleure façon de débuter, c'est de commencer par les attirer et les valoriser en mentionnant ce qu'ils ont de meilleur en eux plutôt que de s'en prendre à eux pour ce qu'ils sont, font et ont de différent par rapport à ce que nous jugeons acceptable, admissible et bon à faire.

La règle est simple : laisser les gens être ce qu'ils sont, faire ce qu'ils font et avoir ce qu'ils ont et les respecter dans leur différence. Les bonnes relations débutent avec l'appréciation de ce que l'autre a d'excellent et non ce qu'il a de détestable. Si vous devez commencer par ce que les autres ont d'inadéquat par rapport à vos normes, vous risquez d'être toujours frustré à leur vue et à leur rencontre.

Ces jeunes millionnaires (nés après 1990) ont des envies et des réactions que vous ne comprenez pas ? Ne soyez pas choqué ! C'est inhérent à leur génération. Vous avez pas mal de choses à leur apprendre mais pour y arriver, il faudra laisser couler, les tolérer et les accepter, gagner leurs cœurs pour ensuite éventuellement challenger leurs attitudes..

Vous avez invité à la maison des hommes d'affaires à l'occasion d'un forum qui a lieu dans votre pays et vous avez l'impression que certains ont des attitudes paysannes. Ce n'est qu'une impression. Ils ont leurs façons de faire les réceptions qui ne sont pas les mêmes que les vôtres. Souffrez qu'ils ne se comportent pas à table, exactement comme vous en avez l'habitude...

Vous allez passer un week-end avec cet ami connu sur le net et sa façon d'embrasser semble bizarre. Laissez couler ! Laissez aller ! Il ne peut pas être parfaitement comme vous le voulez. Souffrez qu'il fasse les choses un peu différemment. Avec le temps, vous allez trouver la bonne combinaison et les bonnes complicités. Peut-on être complice quand on est si étranger et si différent ? Laissez couler et n'éliminez pas, ne gâtez pas tout ! C'est peut-être votre opportunité ! Pour le reste, ça va venir !

Laissez les autres être ! Laissez-les faire des choses insupportables, intolérables, incompressibles, inhabituelles et inadmissibles. Ils ne sont pas vous, peut-être pas aussi sages, ni aussi outillés, ni aussi expérimentés, ni aussi raffinés, ni aussi habitués...

Et surtout, ne vous faites pas du mal parce que les autres ne sont pas alignés sur les mêmes normes que vous. Laissez-les ! Et voyez ce que vous pouvez tirer d'eux, le temps d'échanger les valeurs, partager les expériences, d'harmoniser les vues. Vous ne pouvez pas détester les gens avant de les connaître ...

Élevez votre niveau de leadership ! Dépassez les différences ! Gardez le sourire ! Tolérez et accueillez le monde comme le font les grands leaders ! Montrez-vous grand ! Prenez de la hauteur ! Manifestez du leadership !

10.

LAISSEZ LES ÉVÉNEMENTS COULER JUSQU'À LEUR TERME

Être frustré par la façon dans les événements se déroulent aveugle facilement et empêche de lire et de détecter jusqu'au bout les messages et les leçons qu'on peut en tirer.

Chaque événement qui se produit doit aller à son terme afin que nous gagnions véritablement en expérience. Et nous devons rester lucides, dénudés de toute émotion pour aller jusqu'au bout.

Imaginons un instant qu'un collègue, membre du même département, a décidé de mettre en place un plan pour vous décrédibiliser. Supposons que vous êtes tout aussi futé que lui et l'avez vu venir. La première tentation que vous avez, c'est de lui montrer que vous avez détecté son plan et d'envoyer les signaux nécessaires pour qu'il se calme et sache à qui il a affaires. Ce qui constitue une belle réaction. La vérité, c'est que vous ne saurez jamais jusqu'où il voulait aller.

Vous êtes dans un cycle de difficultés financières et il se trouve que vous avez un compte d'épargne et un fond de secours. La première réaction que l'on peut avoir, c'est d'aller casser le compte d'épargne ou d'utiliser le fond de secours

La vérité, c'est que si vous n'aviez pas de compte d'épargne ni de fond de secours, vous allez faire preuve de créativité en cherchant d'autres solutions ou en manifestant de la résilience et en faisant preuve de performance adaptative.

Si vous sautez sur le compte d'épargne, vous n'aurez appris qu'une leçon : C'est bon d'épargner. Si vous travaillez à trouver d'autres alternatives ou tenez bon vous aurez tiré au moins trois leçons : 1) C'est bon d'épargner 2) Je suis capable de gérer les difficultés financières les plus ardues 3) Il y a toujours plus de peur que de mal 4) Aucune situation n'est trop dure pour que je ne puisse pas finir par me tirer d'affaires.

Les leaders laissent les événements couler, les tacticiens veulent réagir et agir tout de suite et finalement ils ne savent pas tout ce que la vie peut réserver. Lorsque des situations inédites arrivent, ils perdent les moyens.

Les difficultés de la vie sont des opportunités de croissance. Nous pouvons être prévoyants et les prévenir ou endurants et résistants pour y faire face. La vérité, c'est que ceux qui savent laisser couler les événements apprennent et grandissent que ceux qui les préviennent ou les évitent !

Conservez vos jokers ! Développez la performance adaptative ! Entrainez-vous à gérer les situations nouvelles car la valeur du leadership s'établit lorsque rien ne se passe comme prévu ! Montrez-vous grand ! Prenez de la hauteur ! Manifestez du leadership !

11.

FAITES COULER LA GRÂCE. RENTREZ DANS LE FLOT DE LA GRÂCE

Les leaders considèrent chaque situation comme utile et pouvant servir à quelque chose. Les autres s'opposent et s'offusquent lorsque les choses ne se passent pas comme ils le veulent.

Vous vous attendez à ce qu'on vous offre une promotion mais on l'accorde à une autre personne ? C'est une grâce ! Elle contient une information utile : Il n'y a que vous seul qui êtes sûr que c'est vous qui méritez le poste. Vous avez du travail à faire : rassurer et convaincre ceux qui ont encore des doutes à votre sujet en améliorant vos performances et vos compétences et/ou en améliorant vos relations avec eux. C'est une bonne nouvelle non ? C'est une bonne nouvelle !

Vous attendiez à démarrer un projet suite à un marché accordé par un client. Le client vient de vous informer que le début du projet va être décalé de deux mois. C'est vrai que vous avez calé des sorties d'argent sur le plan de d'encaissement. Mais bon il y a quelques bonnes nouvelles :

1) Vous allez pouvoir avoir un emploi du temps aéré et consacrer du temps à la famille.

2) Vous avez du temps pour mieux préparer les équipes et structurer la gestion du projet avec des simulations de réduction de coût plus réfléchies et plus approfondies.

3) Vous aurez le temps pour former vos équipes, consacrez du temps à l'optimisation de la structure du business, faire du coaching, chercher d'autres marchés, faire du networking. Des bonnes nouvelles non ? Ce sont de bonnes nouvelles !

Vous avez tout préparé pour envoyer votre enfant à l'étranger pour poursuivre ses études après le baccalauréat. Voilà qu'il a échoué au BAC. Tout bon parent trouvera cela dommage et à juste titre mais c'est une grâce qui transporte de très bonnes nouvelles potentielles :

1) Votre enfant n'est pas encore prêt à prendre la route de l'étranger et a besoin d'apprendre d'autres choses encore. L'occasion est présentée. Bonne nouvelle !

2) Votre enfant ne doit pas faire l'école que vous lui suggérez ou devra être réorienté autrement. L'année qu'il va passer avec vous sera l'occasion de vous en rendre compte. Bonne nouvelle ? Oui bonne nouvelle !

3) Il y a des matières où votre enfant a besoin d'approfondir les choses pour réussir académiquement et peut-être professionnellement ! Ce sera l'occasion. Bonne nouvelle ? Oui bonne nouvelle !

L'électricité est coupée alors qu'une pénurie de carburant sévit dans votre ville (vous n'allez pas pouvoir mettre le groupe électrogène). C'est une bonne nouvelle ! Vous allez apprendre à dormir sans électricité. Vous allez peut-être vous coucher tôt ou pouvoir causer avec la famille parce que ce soir la télévision et les réseaux sociaux ne vont pas réussir à vous séparer ! C'est une grâce ! C'est une opportunité ! Rentrez dedans et profitez-en !

Tout est grâce ! Et tout est bonne nouvelle ! Les événements sont des packages. Avant de les ouvrir et d'en tirer les vraies leçons et les vraies opportunités, leurs emballages peuvent nous faire croire que tout est foiré. Mais c'est lorsque nous avons la patience et la sagesse de les déballer que nous nous rendrons compte qu'ils transportent des bonnes nouvelles, des leçons de vie, des révélations, des opportunités et des indications. Qui ne les accepte pas comme une grâce, rate tout cela !

Acceptez tout comme une grâce ! Tirez-en du profit ! Apprenez à grandir avec les événements ! Laisser couler ! Nagez dans le sens de l'abandon et laissez les événements vous apprendre de belles nouvelles choses ! Montrez-vous grand ! Prenez de la hauteur ! Manifestez du leadership !

12.

TOLÉREZ AU LIEU DE S'OPPOSER

Rien ne fait du bien au leader que le fait d'oser tolérer et laisser couler, laisser passer, laisser les autres être, faire et avoir ce qu'ils jugent bon à être, faire et avoir.

La vérité, c'est que la tolérance n'a pas besoin que vous dépensiez votre énergie sinon presque pas alors que l'opposition nécessite de la belle débauche d'énergie.

Lorsque vous laissez couler vous ne faites aucun effort. Lorsque vous décidez de bloquer, vous dépensez de l'énergie. Lorsque vous nagez dans le sens du fleuve, vous êtes porté par son mouvement et son courant et vous ne dépensez presque pas d'énergie parce que vous utilisez son énergie pour avancer.

Lorsque vous supportez une personne ou la tolérez, vous économisez votre énergie et rentrez dans la vague de son élan. Mais pour s'opposer, pour le détester, surtout parce qu'il vous énerve, vous aurez besoin d'utiliser une énergie contraire qu'il vous faudra produire.

Lorsque vous descendez le long d'un mont, il vous prête son énergie alors que si vous devez le gravir (l'affronter), vous devez utiliser votre propre énergie !

L'idée qu'il coûte plus cher en énergie et en temps de s'opposer que de tolérer est quelque chose de significatif pour les leaders qui veulent se faciliter la vie.

Pourquoi lorsque les autres membres de la famille s'acharnent sur un enfant récalcitrant, le leader de la famille a tendance à être plus tolérant envers lui ?

Parce qu'il sait que pour amener une personne à soi, il faut commencer par aller vers elle. Si vous voulez qu'une personne vous suive, il faut commencer par l'accepter et le suivre (avec tolérance). Vous ne pouvez pas réussir avec les gens en vous opposant à eux, en travaillant contre eux et en brisant leurs intérêts.

Pour amener une personne dans votre logique, il faut commencer par rentrer dans sa logique, lui montrer que vous êtes avec elle et qu'elle peut venir à vous. C'est le beau jeu du leadership qui fait que les leaders qui vont vers les gens, tolèrent la différence et les acceptent sont plus attractifs et plus charismatiques que les leaders qui cherchent à conquérir et à s'imposer par la force.

Suivez les gens et ils vous suivront ! Rentrez dans leur jeu et ils accepteront votre jeu ! N'essayez pas de vouloir gagner sans faire gagner les autres. Ne cherchez pas à passer sans faire passer les autres ! Tolérez-les et ils vous toléreront ! Montrez-vous grand ! Prenez de la hauteur ! Manifestez du leadership !

13.

SE RAPPELER QUE LA PROVOCATION EST UN TEST DE MATURITÉ

Les faibles ne peuvent pas aller chercher les forts à l'échelle supérieure à laquelle ils se trouvent. Ils ne peuvent qu'essayer de les faire descendre au niveau bas auquel ils se trouvent eux-mêmes. Alors ils font des choses qui vous poussent à descendre très bas. Ne tombez pas dans leur piège.

La provocation est une tentation des faibles pour vous faire descendre à leur niveau. Ils ne font que tester à quel point vous êtes en mesure de demeurer et d'agir constamment à votre dimension supérieure. Bon sang ! La provocation est un appel à descendre bas.

Voyons ! Imaginons que vous soyez dans un village en train de vous laver dans une rivière. Vous avez donc rangé vos vêtements aux pieds du baobab. Pendant que vous profitez de la fraîcheur du marigot, le fou du village vient piquer vos affaires et se met à courir vers le village. Vous vous mettez à courir derrière lui tout nu. Il n'y a rien à dire, vous avez réussi à descendre à son niveau. Et arrivés au village, tout le monde saura qu'il y a désormais un deuxième fou dans le village.

En fait, toute personne qui essaie de nous provoquer ou de nous faire du mal n'essaie que de faire une chose : «Il est en train de tester notre niveau de maturité». Je ne le suis pas. Je le laisse passer.

Le secret pour être heureux et garder le sourire jour après jour réside dans notre capacité à laisser passer. Franchement, avons-nous besoin de répondre à toutes les provocations et tentatives pour nous faire du mal ?

Ne vous faites pas avoir, restez concentré sur vos objectifs de leader et manifestez du leadership. En effet, les provocateurs sont très forts quand il faut nous distraire de nos objectifs de départ

Vous avez quitté la maison ce matin-là, arpentant les couloirs pour arriver à l'heure à cette réunion. Un automobiliste fait un mouvement provocateur et risqué pour vous dépasser. Si vous ne faites pas attention, il va vous faire oublier que vous allez à une réunion importante et que vous n'avez pas de temps à perdre.

> Allez-vous vraiment réagir comme lui ? Allez-vous noyer vos objectifs et priorités dans son jeu dangereux ? Si vous le suivez, vous allez vite oublier pourquoi vous avez quitté très tôt chez vous.
>
> Les provocateurs sont capables de changer la tournure de nos journées et de nos soirées. Laissez-les passer. Ne vous faites pas avoir.
>
> Prenez de la hauteur ! Restez concentré sur votre objectif. Demandez-vous :» Qu'est-ce que j'essayais de faire avant cette provocation, cette tentative de distraction et à quoi je dois me retourner ?
>
> Répondez en conséquence et laissez couler, laissez passer.

Tâchons d'opérer à chaque fois à une dimension supérieure. Élevons le niveau même lorsque les autres le font baisser constamment ! Prenons le leadership lorsque les autres sèment scandaleusement le désordre ! Empruntons les escaliers supérieurs afin que jamais on ne puisse dire que nous avons rejoint la ligue des insensés ! Montrons-nous grand ! Prenons de la hauteur ! Manifestons du leadership à tous les coups !

14.

NE PAS LAISSEZ L'IMMATURITÉ VOUS CONTAMINER

L'immaturité est dangereusement contagieuse. Si vous ne prenez pas garde, elle va vous contaminer - surtout si vous pensez que vous devez réagir tout le temps face à l'immaturité...

Beaucoup d'adultes se retrouvent de temps en temps à se comporter comme des enfants et des adolescents «difficiles à rationaliser»(Moi y compris). Et lorsqu'on ne fait pas attention, l'une des tentations à laquelle nous cédons, c'est de laisser leurs agissements nous contaminer.

Voyons : «Pourquoi devons-nous laisser des adultes qui se comportent comme des adolescents «immatures», «déchaînés et incontrôlables», nous amener à réagir comme des «adolescents immatures», « ?

On ne raisonne pas un fou et il faut être un fou pour suivre un fou dans sa folie.

    1) Si les autres mettent de l'huile sur le feu, tâchons d'avoir des réactions qui éteignent les feux.

    2) Si les autres enchaînent les provocations et nous invitent sur le ring de la confrontation et de la défiance, offrons-leur la table de l'harmonisation et du compris.

    3) Si les autres nous poussent à bout, tâchons de mettre de l'eau dans notre vin.

4) Lorsque les esprits s'échauffent et que certains veulent utiliser l'excuse de la frustration pour tout foutre en l'air, faisons profil bas si nécessaire pour qu'ils ne nous contaminent pas.

5) Et si une personne insiste pour démontrer avec véhémence qu'il va tout gâter, tâchons de lui donner raison pour ne pas perdre la tête et la raison comme lui...

En tant que leader, nous avons la possibilité de prendre de l'avantage sur les gens qui peuvent avoir des attitudes «incontrôlés» et éviter de nous laisser contaminer pour ensuite tâcher d'avoir une attitude supérieure et meilleure...

Tâchons d'opérer à chaque fois à une dimension supérieure. Élevons le niveau même lorsque les autres le font baisser constamment ! Prenons le leadership lorsque les autres sèment scandaleusement le désordre ! Empruntons les escaliers supérieurs afin que jamais on ne puisse dire que nous avons rejoint la ligue des insensés ! Montrons-nous grand ! Prenons de la hauteur ! Manifestons du leadership à tous les coups !

15.

NE PAS RÉAGIR. RÉPONDRE

Les faibles réagissent et se comportent tels qu'on a agi et s'est comporté envers eux. Les leaders se déconnectent des attitudes des autres et des circonstances et se demandent : «Quelle réponse est digne de mon rang ?»

À vrai dire, le leader qui veut garder le sourire doit stratégiquement détourner son regard des attitudes inadéquates de ses interlocuteurs. Pourquoi ? Parce qu'à chaque fois que nous prêtons notre attention aux situations et personnes frustrantes, elles ne font que voler notre joie de vivre et notre bonheur. Personne ne peut garder le sourire en égrenant à longueur de journée les attitudes et situations désolantes.

J'ai fait clairement mien le choix de répondre au lieu de réagir. Et lorsqu'une personne ou une situation essaie de m'infecter, je m'assure de répondre à chaque fois : *«Comment je veux me sentir ?»* La réponse est : «Je veux me sentir bien. Je veux être heureux». *«Et comment je dois répondre pour me sentir bien dans ma peau et être heureux donc ? «.* Ensuite je m'assure de trouver la bonne façon d'interpréter les situations ou les attitudes des autres jusqu'à me sentir bien dans ma peau et heureux.

Mieux j'utilise une astuce simple pour ne pas me laisser frustrer en me disant : *«Tu sais les gens agissent en fonction de leur niveau de maturité...Considère que celui-ci se comporte ainsi parce qu'il ne sait pas qu'il fait mal. Pardonne son ignorance. Pardonne son immaturité»*

Et mon père qui a été instituteur m'a dit il y a quelques années « *On ne punit pas un ignorant parce qu'il ne sait pas ce qu'il fait de mal*». Ne punissons pas les ignorants et les immatures. Comprenons-les. Pardonnons-leur. Et laissons passer.

Si nous sommes vraiment plus mûrs que les gens qui font preuve d'une très grande immaturité, nous devons pouvoir savoir que c'est parce que les autres ne sont pas aussi mûrs que nous qu'ils font preuve d'autant d'immaturité ? Franchement, qu'est-ce qu'ils peuvent faire d'autre?

Maintenant, si nous sommes vraiment matures, nous devons pouvoir faire preuve d'une attitude meilleure et donner des raisons qui finiront par rappeler aux gens qu'ils doivent savoir qu'à chaque fois qu'ils nous ont en face, ils ont un leader en face.

Montrons-nous leader et réagissons en leader ! Gagnons la bataille intérieure ! Répondons comme des leaders ! Gardons le sourire et laissons notre leadership gagner ! Tâchons d'opérer à chaque fois à une dimension supérieure. Élevons le niveau même lorsque les autres le font baisser constamment ! Prenons le leadership lorsque les autres sèment scandaleusement le désordre ! Empruntons les escaliers supérieurs afin que jamais on ne puisse dire que nous avons rejoint la ligue des insensés ! Montrons-nous grand ! Prenons de la hauteur ! Manifestons du leadership à tous les coups !

16.

GARDEZ LE SOURIRE...VOUS VIVEZ JUSTE CE QUI ARRIVE AUX AUTRES

Lorsque vous êtes traité comme une personne lambda dans un environnement où votre autorité morale n'a pas droit de cité, ne vous en faites pas. Apprenez juste que c'est ce qui arrive aux autres...

Il y a des choses que nous vivons rarement en tant que leader lorsque nous sommes dans notre propre marigot, là où les gens connaissent notre valeur et nous traitent en ROI. Mais lorsque nous changeons de contexte et de situation, nous nous mettons à vivre automatiquement ce que vivent les gens communs...

Vous étiez riche et maintenant les affaires ne marchent plus et que les gens n'ont plus de la considération pour vous, ne vous en faites pas... C'est comme cela qu'ils traitent les gens qui n'ont pas ou n'ont plus d'argent...

Si chez vous, dans votre pays, vous êtes souvent dans un cortège officiel avec des gyrophares et que vous sortez de votre pays où n'avez plus ce privilège et devez supporter les embouteillages, ne vous en faites pas. Vivez bien la situation parce que les gens communs la supportent tous les jours...

Si vos enfants et vos employés courent dans tous les sens pour répondre à vos desideratas, et que vous êtes dans un magasin, dans un restaurant ou dans un aéroport et que vous n'avez pas le même traitement, ne vous en faites pas, vous n'êtes pas le boss ici ! Supportez le traitement qu'on vous sert. De toutes les façons, c'est comme cela qu'ils traitent les gens communs. Vivez bien la situation parce que les gens communs la vivent et la supportent tous les jours.

Un jour alors que j'allais être refoulé du Gabon parce que le visa que l'ambassade du Gabon au Togo m'avait délivré n'était pas suffisant (il fallait une autorisation d'entrée) pour rentrer dans le pays, l'agent de l'immigration qui faisait les formalités de mon refoulement était surpris que j'aie le sourire et que je sois en train de causer avec lui sans rancune...

Il me dit : «Vous êtes surprenant... En général, lorsqu'on refoule les gens ils insultent et rouspètent jusqu'à l'avion».. .

Je lui dis : «Vous savez quoi ? Normalement je suis un LEADER dans mon pays et les gens seraient heureux de me recevoir pour une formation. Mais dans votre pays je suis une personne commune. Maintenant ce n'est pas parce que vous me traitez comme une personne commune que je vais oublier que je suis un leader. Je réponds comme le LEADER que je dois être partout même s'il y a des endroits où je suis une personne commune et traité comme telle.»

Répondez toujours comme un leader partout et en tout temps surtout si on ne vous traite pas comme un leader. Personne ne peut savoir a priori que vous êtes un leader. C'est votre réponse qui doit le confirmer !

Élevez constamment votre leadership ! Restez leader partout ! Montrez-vous grand ! Montrez-vous constamment leader ! Laissez votre attitude de leader rappeler quel traitement vous méritez ! Gardez le sourire et manifestez constamment du leadership !

17.

LE SOURIRE EST UN MAQUILLEUR AUTOMATIQUE

Pour sourire il faut 10 muscles. Et pour s'énerver et agir avec colère il faut environ 87 muscles mobilisés. Pourquoi se donner autant de peine ?

On a toujours pensé que le leader «charismatique» est celui qui fait le sérieux tout le temps et qui ne sourit presque jamais, qui est ferme ou sévère ou qu'on tremble à l'idée de devoir aller le voir.

La vérité, c'est que les leaders qui sont rentrés dans l'histoire, les Churchill, les Mandela, les Ghandi, les Houphouet Boigny, les Obama, les John C. Maxwell sont de grands comiques qui utilisent les blagues et l'autodérision à tout bout de champ et semblent ne jamais rien prendre très au sérieux...

Ils ont compris qu'aucune situation ne mérite que le leader perde le sourire... Ils savent que personne ne peut manager et diriger efficacement s'il ne sait pas relativiser, prendre du recul, sourire, se moquer de ses défauts et banaliser les grandes catastrophes pour trouver l'énergie nécessaire pour les analyser, les traiter et les gérer calmement...

Garder le sourire rend l'esprit fructueux ! Rendre grâce, libère de la désolation et de la résignation ! L'espérance et la foi qu'on aura une solution rend l'esprit fructueux du fait du plaisir anticipé que vous éprouvez. Le plaisir anticipé accélère la sécrétion de l'endorphine qui à son tour accélère la sécrétion de la dopamine qui irrigue les zones du cerveau qui font croître les micro-neurones qui génèrent l'inspiration nécessaire à la créativité et à la trouvaille de solution.

C'est pour cela que les solutions viennent plus facilement lorsque nous sommes détendus et peu préoccupés...

En plus de contribuer à régénérer les cellules du cerveau, la dopamine est également responsable du renouvellement des cellules et donc du rajeunissement. Les leaders joyeux et enthousiastes gardent le visage jovial alors que ceux qui ont le visage serré et gèrent toutes les situations avec véhémence voient leurs rides se multiplier !

Pourquoi ? Parce que la carence en dopamine liée au fait qu'ils n'éprouvent presque jamais aucun plaisir fait ralentir le renouvellement des cellules et multiplie les tissus de cellules mortes non renouvelées (les rides).

Franchement ! Pourquoi ne pas se maquiller le visage par le sourire régénérant ? Pourquoi rester colérique et déverser le cortisol dans son corps alors que le cortisol ne sait faire qu'une chose : créer du désordre cellulaire lorsqu'il ne détruit pas les cellules ?

Allez-y calmement ! Souriez ! Détendez-vous ! Prenez du recul et ne mettez pas plus d'énergie qu'il n'en faut ? Maquillez votre visage de 1000 sourires au quotidien ! Rayonnant en leadership ! Pratiquez le leadership gagnant !

18.

ACCEPTEZ L'INJUSTICE

La meilleure façon de se laisser frustrer, c'est de penser que le monde est un monde parfait où tout le monde est gentil et correct au point de se frustrer de voir que le monde n'est pas juste.

Comment les leaders font pour ne pas vivre mal les injustices du monde ?

1) Ils savent qu'il arrive souvent que la puissance, les ressources et le pouvoir se retrouvent dans la main de gens qui ne sont pas toujours bien intentionnés.

Ce qui fait qu'on ne peut pas attendre d'eux qu'ils soient des gentils et manifestent du leadership.

2) Les gens bien intentionnés n'ont pas toujours le pouvoir ni les ressources nécessaires pour dominer le monde. La conséquence est que les justes se retrouvent à être dirigés par des gens pour qui leurs intérêts personnels et leurs satisfactions personnelles passent avant les intérêts et la prise en compte des autres...

3) L'injustice ne domine le monde que lorsque les gens qui ont encore la possibilité de manifester du leadership ne le font pas, laissant le pouvoir et l'argent les aveugler.

Je suis co-fondateur d'un groupe d'entreprises et je me mentirais si je vous dis que j'ai toujours été correct et juste envers mes collaborateurs... Il est arrivé à plusieurs reprises que je m'oublie et me retrouve à martyriser consciemment ou inconsciemment des collaborateurs et associés ou d'être très injuste envers eux...

Voyons ! Si moi qui connais suffisamment le leadership et suis obligé de le manifester constamment n'y arrive pas alors que je tiens à y arriver, je comprends que les gens qui n'ont aucune intention de manifester du leadership soient injustes...

Les rares personnes qui croient que le leadership et l'amour finissent toujours par gagner doivent faire la promotion de la justice, de la bonté, de l'amour et de la valorisation des autres...

Croyez-vous au leadership ? Ne soyez donc pas frustré que les gens ne soient pas toujours justes. Ensuite faites de sorte que la justice et la patience et les faveurs soient encore possibles. Quand le monde entier se plaint de l'injustice généralisée, les leaders doivent prendre la défense de la justice et faire la différence de sorte que les gens qui les voient disent : «Franchement je ne savais pas qu'il existe encore sur terre des gens qui veulent le bonheur et la promotion des autres»

Promouvez le leadership autour de vous. Incarnez les améliorations des autres. Ne vous en faites pas pour ce que les autres font d'injuste... Faites la différence et soyez le leader juste ! Pratiquez le leadership gagnant !

19.

L'INFLUENCE N'A PAS BESOIN DE MUSCLES

S'il faut du muscle et du bruit pour être influent, qu'allez-vous faire lorsque vous allez vieillir ?

Oh c'est simple ! La plupart des gens se calment finalement parce qu'ils n'ont pas le choix que de se calmer et de trouver de nouvelles bases d'influence dont le dialogue, la compréhension mutuelle, le pardon réciproque et parfois le silence...

Tous les parents sont presqu'unanimes qu'à un moment donné il faut utiliser le bâton (Attention la Brigade de Protection des mineurs est dans les parages)ou le «grondement» pour manager les enfants...Ils ne disent pas souvent jusqu'à quel âge il faut le faire...Mais il y a un âge à partir duquel ils arrêtent systématiquement les sévices corporels. Et ce ne sont pas les enfants qui leur ont demandé d'arrêter.

Mieux il y a un âge à partir duquel ils ne grondent plus au risque de se faire gronder eux-mêmes...

Et il y a un moment où «gronder» n'a plus d'effet et on peut les entendre dire des choses du genre : «Tu n'es pas mon enfant. Si tu étais mon enfant, tu me respecterais»...La démission est totale dès lors...

Comment devient-on influent ?

   1) On est influent lorsqu'on a quelque chose dont les gens ont besoin sur la durée. Ils sont donc obligés de se soumettre pour

être sûrs de l'avoir. Si vous n'avez rien dont les gens ont besoin et que vous continuez d'avoir et dont ils continuent d'avoir besoin, aucun effet sur eux.

2) On est influent lorsqu'on se respecte soi-même, respecte les autres et a de la considération pour eux. Lorsqu'on y ajoute de l'affection et la disponibilité dont ils ont besoin et dont ils sont devenus dépendants, ils nous respectent et savent qu'ils doivent nous obéir pour continuer de nous avoir comme personne refuge et soutien...

3) On est influent lorsqu'on arrive à faire des choses impressionnantes que la plupart des gens ont envie de faire et qui font qu'ils ont du respect pour nous et nous tirent chapeau voyant la beauté et la splendeur de ce que nous arrivons à faire...

4) On est influent lorsqu'on a fait pour les gens ce que peu de gens ont fait pour eux et qu'ils sont obligés d'être redevables et de nous respecter rien que pour ça...

Si vous ne remplissez pas ces conditions, vous aurez beau faire du bruit et avoir du résultat à un moment donné mais les gens vont casser la porte et aller se chercher ailleurs...

Attelons-nous à remplir les conditions de l'influence ! Faisons le travail concentré et discret jusqu'à ce que les gens finissent par se rendre compte de ce que nous sommes le grand leader qu'ils ont toujours rêvé d'avoir. Élevons notre leadership ! Pratiquons le leadership gagnant !

20.

COMPRENDRE LES DÉFAILLANCES

Pour le leader, rien n'est intolérable, rien n'est inconcevable, rien n'est inadmissible...Il sait que les attitudes et les résultats que les gens ont dépendent de leurs compréhensions des choses, de leurs expériences, de leur capacité à gérer les contingences, de leur agilité opérationnelle et stratégique, de leurs habitudes, de leur parcours, des défis techniques qu'ils ont pu rencontrer, des outils qu'ils utilisent et parfois de l'importance relative qu'ils accordent aux enjeux.

Alors il garde le sourire et comprend que c'est normal que les gens soient défaillants. L'exercice le plus important qu'il fait ici pour y arriver, c'est la méthode des circonstances atténuantes (voir Méthodes de Leadership Gagnant et Jeu Intérieur du Leadership)...

Ils se disent : «Les gens n'ont pas été à la hauteur de mes attentes, certainement que toutes les conditions n'étaient pas remplies pour qu'ils produisent du résultat».

Ils utilisent la méthode corollaire du «Peut-être...»

- Peut-être qu'ils n'ont pas compris les enjeux !

- Peut-être qu'ils n'ont pas compris que c'était déterminant !

- Peut-être qu'ils n'étaient pas vraiment motivés et qu'il fallait les motiver et confier le travail à une autre personne !

- Peut-être qu'ils n'ont pas eu assez de ressources (temps, argent, énergie, outils, méthodes et technologies) pour y arriver !

- Peut-être qu'ils voulaient tellement bien faire qu'ils sont passés à côté de la plaque !

- Peut-être qu'ils ne savaient pas ou qu'ils n'ont pas du tout compris ce que j'attendais d'eux et en quoi consistait le travail !

- Peut-être qu'ils avaient des défis personnels !

- Peut-être qu'ils n'ont pas senti le devoir de faire ce que j'attendais d'eux !

- Peut-être que je devrais travailler pour mieux leur expliquer, mieux les accompagner, mieux les former, mieux les coacher et mieux les encadrer !

Il n'est pas question ici de trouver des excuses pour les autres mais de ne pas se contenter du fait que la faute vient bonnement des autres et qu'on aurait fait soi-même tout ce qu'on avait à faire... Autrement on tombe dans la frustration et la désolation inutile, perd le sourire et rencontre des difficultés à avoir le type d'attitude digne de son rang...

Pardonnez l'immaturité ! Comprenez les faibles ! Gagnez la bataille intérieure ! Faites le travail à faire à votre niveau pour gagner, gagner avec les autres et les faire gagner ! Soyez grand ! Prenez de la hauteur ! Montrez-vous grand !

21.

NE BLOQUEZ PAS LE PASSAGE DANS VOTRE TÊTE. ATTEIGNEZ VOS OBJECTIFS LES UNS APRÈS LES AUTRES

Les gens qui veulent réaliser le grand miracle d'un soir se laissent facilement coincer et finissent par se dire qu'ils ne peuvent pas bouger parce que tout ne serait pas en place...

Comment gagne-t-on les grandes compétitions ? En y allant match par match !

Comment la France a-t-elle gagné la coupe du monde en 1998 ? En y allant match par match. À aucun moment ils n'ont eu la prétention ni n'étaient pressés.

Comment le Portugal a gagné L'EURO 2016. En y allant match par match sans se mettre la pression de devoir remporter la coupe.

Et comment le Real de Madrid est-il devenue redoutable jusqu'à gagner sa troisième Champions Leagues d'affilée en 2018 après 2016 et 2017 ? En laissant croire à tout le monde que ce ne sera pas évident pour eux en 2018. Et pendant qu'ils sont sortis deuxième de leur groupe et ont été laissés dernière en championnat national, ils ont renforcé leur sérénité et gagnaient même lorsque la physionomie du match montrait clairement qu'ils n'avaient pas de mérite...

Est-ce que les leaders sereins sont ambitieux ? Bien sûr... À la différence qu'ils ne s'obstruent pas l'esprit avec leurs ambitions et leur arrogance.

Voici la règle qu'ils appliquent (vous avez certainement déjà entendu cela) : «Rêver grand ! Commencer petit ! Commencer maintenant ! «

L'euphorie peut voler rapidement la joie de vivre si on ne sait pas à un moment arrêter de s'acharner sur soi-même et de se torturer moralement quant à l'obligation d'être exceptionnel et triomphaliste.

Sinon comment les footballeurs brésiliens ont-ils craqué en 2014 en encaissant 7 buts en demi-finale de la Coupe Du Monde ? 1) Ils se sont dit qu'avec Neymar, ils vont gagner 2) Leur capitaine Thiago Silva les lâche… Et l'équipe solide mais pas forcément favorite, qui était l'une des plus sereine a gagné !

Pour garder le sourire, il faut s'engager à réussir, se donner les moyens de réussir sans jamais se dire qu'on perdra le sourire si on ne réussit pas. Si on donne tout ce qu'on a et on ne réussit pas, il y a toujours une deuxième chance.

Par contre s'obliger à réussir et se promettre la condamnation si on ne réussit pas dépossède et nous empêche de triompher en Leader quoi qu'il en soit…L'essentiel, c'est de se montrer digne ! L'essentiel c'est pouvoir se dire qu'on a donné le meilleur de soi-même !

Osez vous libérer ! Osez le courage d'être imparfait ! Osez la joie de donner le meilleur de vous-même et quoi qu'il advienne, répondez en leader ! Gagnez en leader quoi qu'il en soit !

22.

CONSERVEZ LE JOKER DE LA VENGEANCE ET DES REPRÉSAILLES

Certains managers se laissent choquer et outrager par les attitudes inadmissibles et pensent automatiquement à dégainer et à mobiliser l'arsenal de la vengeance et des représailles... Mais les leaders savent sourire, respirent, évaluent les vrais enjeux et reportent la vengeance à plus tard.

Pourquoi les leaders préfèrent en général reporter la vengeance et les représailles à plus tard ?

1) Sans aucun doute parce qu'ils préfèrent garder le sourire et répondre calmement et stratégiquement plutôt que de sortir de leurs gongs à tous azimuts.

2) Ils savent que la facilité à utiliser leurs pouvoirs discrétionnaires est le propre des leaders faibles.

3) Ils savent que vouloir se venger ou faire des représailles est la chose la plus facile à faire lorsqu'on a le pouvoir et qu'ils ne font rien d'extraordinaire à faire pareil.

4) Ils savent que lorsqu'on utilise ses jokers, on n'a plus aucun pouvoir de dissuasion sur les gens.

5) La vengeance fait descendre au même niveau que les bour-

reaux et les gens qui ne savent pas manifester du leadership tout le temps.

OKAY ! Si vous êtes le leader, vous aurez toujours la possibilité de vous venger à tout moment et de passer aux représailles...Et tout le monde le sait...

Mais comme vous le savez, un leader qui devient prévisible perd de son autorité et devient manipulable...

Si les gens savent que vous allez vous venger ou passer aux mesures de rétorsions et que vous en avez l'habitude, il leur restera une dernière chose pour affaiblir votre autorité morale : trouver le moyen de gérer vos représailles. Et s'ils réussissent à s'adapter, rien de ce que vous pouvez faire n'aura aucun impact sur eux.

C'est qui le leader le plus redoutable ? C'est celui qui a bien la possibilité de crier, de punir, d'être ferme et terriblement sévère mais qu'on ne sait jamais quand il peut l'être.

Sur le court terme, il semble très faible mais sur le long terme, c'est lui que les gens respectent.

Pendant que les gens s'agitent, calmez-vous et souriez. Vous savez ce que vous pouvez bien faire. Le plus important en ce moment-là ce n'est pas de dégainer mais de manifester du leadership.

Optez pour le leadership ! Faites la différence ! Élevez votre leadership ! Répondez différemment ! Conservez vos jokers et devenez redoutables ! Manifestez du leadership !

23.

PERSONNE N'EST SUFFISAMMENT PLUS PETIT QUE VOUS POUR MÉRITER VOTRE MÉPRIS

La valeur d'un leader dépend de comment il traite les gens qui sont différents de lui ou qu'il pense plus petits que lui.

Le leader étant un valorisateur, il est presqu'impossible pour lui de penser un instant qu'il y aurait certaines personnes qui n'auraient pas de mérite et qu'il pourrait se permettre de traiter avec mépris.

Comme le dit John C. Maxwell, le leader met un 10 sur la tête de chaque personne et les traite comme s'ils avaient tout le mérite. Il se demande : «Comment j'aurais traité cette personne s'elle avait le même rang que moi ou comment je dois la traiter pour l'amener à mon rang ?»

Il n'est pas toujours évident que les autres soient, fassent et aient exactement ce que nous aimerions qu'ils soient, fassent et aient ; ni qu'ils soient exactement ce que nous sommes, faisons et avons.

Et ce n'est pas pour cela qu'ils n'auraient de mérite ni de valeur pour être traités avec respect et justice et surtout avec un esprit de valorisation constante.

ACCEPTONS QUE LES AUTRES SOIENT DIFFÉRENTS DE NOUS ET NE SOIENT PAS AUSSI PARFAITS QUE NOUS (Si tant est que nous le sommes).

- Pourquoi le senior qui est dans l'autre département ne suit pas vos tendances ? Il est d'une autre époque. Comprenez-le.

- Vous vous demandez pourquoi votre nouveau copain n'est pas aussi maniaque et organisé que vous ? Il n'est pas vous !

- Vous vous demandez pourquoi je ne parle pas et n'écris pas aussi bien le français que vous ? Juste que j'ai encore du chemin à faire.

- Pourquoi ce commercial est si agité et pense qu'il peut sympathiser avec tout le monde ? Peut-être qu'il est moins timide - pardon - moins réservé que vous et certainement plus ouvert.

Faisons de sorte que le crime que les autres commettent à nos yeux ne soit pas le fait qu'ils ne soient pas comme nous.

Sanctifions le regard que nous posons sur les autres et tâchons de voir ce qu'ils ont d'appréciable et de beau et qui nous livre de bonnes raisons de les aimer et non ce qu'ils ont de méprisable qui nous autorise à les marginaliser.

Gagnez la bataille intérieure ! Optez pour l'attitude supérieure ! Optez pour la grandeur ! Optez pour le leadership gagnant ! Montrez-vous leader ! Montez-vous plus grand ! Manifestez du leadership !

24.

PRÉSENTEZ VOS EXCUSES

La plupart des gens pensent que présenter des excuses est un signe de faiblesse. Les leaders savent que tout le monde mérite respect et que lorsque vous n'avez pas fait les choses comme cela se doit, vous ne pouvez pas vous cacher derrière le fait que c'est vous le boss et que vous n'avez pas à présenter des excuses.

Bien sûr ! Il faut de la grandeur pour présenter ses excuses lorsqu'on est en position de puissance ! Mais les leaders savent que lorsque vous êtes le leader et que vous avez mal agi, c'est qu'ils sont descendus entre temps.

Et la seule échelle pour remonter à leur rang, c'est de manifester à nouveau du leadership et montrant du respect pour ceux qu'ils ont blessés ou par rapport auxquels ils ont failli. Quand le leader respecte les gens, il se montre non seulement respectueux mais aussi respectable ! C'est alors qu'il s'élève lui-même !

Maintenant, il peut se dire : «Je suis le Boss. Je peux me permettre de faillir et je n'ai pas besoin de m'excuser pour ça». Allez-y voir ! Lorsqu'il fait ça, c'est parce qu'il est drastiquement faible. Au fait, il pense que s'excuser va lui enlever sa valeur (certainement qu'il n'a pas l'impression d'en avoir suffisamment).

- Les grands leaders ont suffisamment de valeur et en donner ne les diminue pas.

- Les grands leaders ont suffisamment de valeur et pardonner ne les diminue pas.

- Les grands leaders ont suffisamment de valeur et s'excuser ne les diminue pas.

- Les grands leaders ont suffisamment d'opportunités de rebondir et de remonter et laisser passer et laisser couler ne les diminuent pas.

La question que nous devons nous poser, c'est de nous demander si nous avons le sentiment d'avoir assez de valeur pour ne pas avoir peur que le fait de s'excuser ne nous enlève notre presque rien (sachant qu'elle va renforcer sa valeur en se montrant respectueux et respectable).

Le leader prend de la valeur lorsqu'il valorise les autres.

N'ayez pas peur pour votre valeur ! Valorisez les autres ! Prenez de la valeur ! Adoptez l'attitude supérieure ! Pratiquez le leadership gagnant ! Montrez-vous leader ! Montez-vous plus grand ! Manifestez du leadership

25.

PRIVILÉGIEZ LA RÉDEMPTION

Pour optimiser ses chances de garder le sourire, le leader doit savoir que le temps disponible pour organiser la sortie de crise ne doit pas être utilisé pour regretter, pour accuser, pour se morfondre ni pour s'inquiéter.

Pleurer fait du bien et soulage un temps soit peu lorsqu'on n'est ému mais il achète rarement des solutions.

Accuser permet de se décharger pour ne pas avoir à supporter la responsabilité d'organiser consciencieusement la recherche de solution. Mais ce n'est efficace que lorsqu'on est sûr que le mis en cause va se sentir devoir trouver une solution.

Se morfondre permet de ne pas garder la tête haute pour se retrouver être juste une victime des circonstances de la vie. Mais il finit toujours par s'appeler «énergie gaspillée» parce que dans le meilleur des cas il vole la joie de maintenant.

S'inquiéter fait penser au pire qui risque d'arriver demain alors qu'on peut utiliser la sérénité du présent pour éviter le pire, ne serait-ce qu'en envisageant le meilleur.

Voici comment les leaders arrivent à garder le sourire quelle que soit la situation :

    1) Ils ont bien envie d'accuser quelqu'un pour ce qui leur ar-

rive mais ils se disent : «Je ne vois pas en quoi cela va m'aider à trouver une solution là maintenant.»

2) Ils ont envie de pleurer mais rapidement ils se disent : «Il doit y avoir une solution. Autant y travailler maintenant.»

3) Ils ont un petit moment de distraction où ils se surprennent en train d'avoir des pensées négatives et d'envisager le pire mais ils se reprennent rapidement et se disent : «Quoi qu'il en soit, il doit y avoir une solution. Je vais finir par me tirer d'affaires.»

4) Il y a un moment où ils ont envie de dire : «Pourquoi tout ça m'arrive ? « mais ils se rattrapent rapidement et changent la question : «Quelles leçons je dois apprendre de ceci et comment je l'utilise pour mieux gérer les choses prochainement ? «

5) Il y a un moment où ils se disent « Ça va bader. On n'est foutu». Mais ils se rattrapent rapidement et se disent : «Cet instant est beau il faut en profiter. La vie est belle. J'ai tout pour être heureux... Je préfère rendre grâce pour ce que je suis, ce que j'arrive à faire et ce que j'ai plutôt que ce que je risque d'être, de faire ou d'avoir de mal.»

Faites cela et vous garderez le sourire quoi qu'il en soit. Et par-dessus tout, demandez-vous constamment : «Comment je fais pour sortir grand et vainqueur de cette situation ? Quelles sont les voies et moyens pour trouver les meilleures solutions et tirer les meilleures leçons ? «

Pardonnez et souriez ! Pardonnez-vous et cherchez à avancer ! Fouillez et bêchez et ne laissez nulle part où la solution peut se trouver ! Gardez la foi ! Gardez le sourire ! Prenez de la hauteur ! Montrez-vous grand ! Manifestez du leadership ! Montrez-vous leader quoi qu'il en soit !

26.

SAISISSEZ L'OPPORTUNITÉ DES EPREUVES POUR GRANDIR

Lorsque ce qui nous arrive s'appelle «les épreuves de la vie», il devient automatiquement l'opportunité de passer à un niveau supérieur dans notre vie.

Les élèves et les étudiants passent délibérément des épreuves d'examens pour passer en classes supérieures. Si vous êtes en face d'une épreuve, c'est une opportunité. Utilisez-la pour passer à une phase supérieure dans votre vie.

Il y a quelque chose de terrible dans la vie : «Lorsque vous êtes en face d'une épreuve de la vie et que vous n'apprenez pas suffisamment pour être plus fort, pour grandir elle demeure même si elle passe en veilleuse pendant quelques saisons.»

- Si vous avez connu une déception amoureuse et que vous vous résignez au lieu de tirer les types de leçons qui vous permettent d'être fort pour éviter prochainement une déception et réussir en amour, vous faites juste une fuite en avant. Vous n'avez pas grandi. La prochaine déception reste en mesure de vous battre et de vous abattre.

- Si vous avez connu des difficultés financières et que vous ne vous empressez pas d'assainir la façon dont vous gérez votre argent (comment vous le gagnez, le dépensez, l'épargnez et le fructifiez), vous restez vulnérable à la prochaine crise.

- Si vous avez été secoué par une maladie et que vous ne faites rien pour devenir plus fort et ne renforcez pas votre système immunitaire, vous restez vulnérable à la prochaine attaque microbienne ou désordre hormonal ou cellulaire.

- Si vous avez des difficultés à gérer l'un de vos enfants ou collaborateurs et que vous ne changez pas d'approche pour devenir meilleur en capacité à gérer les enfants et les collaborateurs du 21e siècle, vous allez sortir de là incapable de gérer le prochain enfant ou le prochain collaborateur récalcitrant.

Que faisons-nous souvent lorsque nous devons nous ajuster pour mieux gérer les épreuves ? Nous nous plaignons de ce que la vie est trop dure ou trop compliquée. La vie n'est pas trop dure et elle n'est pas compliquée. Elle nous envoie des signes que nous devons nous améliorer et grandir. Et si les épreuves de la vie se succèdent et que nous ne faisons rien afin de saisir l'opportunité pour grandir et nous améliorer, nous nous affaiblissons.

«Tout ce qui ne nous tue pas nous rend plus fort» surtout lorsque nous l'utilisons comme terrain d'entraînement joyeux pour grandir et passer à une étape supérieure dans notre vie avec un renforcement conscient à gérer les prochains défis.

Gardez le sourire ! Transformez les épreuves en opportunité ! Saisissez l'opportunité pour apprendre pour grandir, pour aller de l'avant. Murissez à chaque fois votre leadership ! Sortez gagnant ! Montrez-vous grand ! Adoptez constamment l'attitude supérieure ! Prenez de la hauteur ! Manifestez du leadership !

27.

SAISISSEZ L'OPPORTUNITÉ DES ÉPREUVES DE LA VIE POUR CONNAÎTRE LA VIE

S'il y a une bonne raison pour laquelle nous devons garder le sourire et nous concentrer sur le besoin d'apprentissage face aux épreuves et aux défis de la vie, c'est que souvent elles ne font que nous révéler des facettes de la vie.

- Vous ne saviez pas que les gens pouvaient être aussi méchants que ça ? Voici que vous avez vécu une injustice. Ça y est, vous le savez maintenant ! Souriez et rendez grâce !

- Vous ne saviez pas que manquer d'argent pouvait vous rendre aussi vulnérable que ça ? Ça vous est arrivé ? Alors vous le savez maintenant ! Souriez et rendez grâce !

- Vous ne saviez pas que la santé est une grande grâce et une faveur que nous gaspillons souvent ? Et bien vous avez été malade ? Vous savez maintenant que la santé est une denrée précieuse. Souriez et rendez grâce !

- Vous ne saviez pas que manager les hommes et réussir avec les autres (lorsqu'on ne s'y prend pas bien) pouvait être aussi un gros challenge que ça ? Et vous êtes surpris d'avoir des relations très tendues sur le lieu du travail ? Vous le savez maintenant. Rien n'est facile d'avance lorsqu'on doit gérer les hommes. Souriez et rendez grâce !

- Vous ne saviez pas que les gens pouvaient être aussi habiles et véreux en affaires (dans les négociations). Vous avez vécu l'expérience d'une négociation (d'une affaire) avec des hommes d'affaires futés ? Vous le savez maintenant. Souriez et rendez grâce !

- Vous savez que les gens peuvent être des traitres mais vous ne saviez pas que votre propre frère pouvait l'être ? Un de vos frères l'a été ? C'est rien de dramatique ! Vous découvrez juste une facette de la vie ! Vous avez appris sur la vie. Souriez et rendez grâce !

- Vous pensiez que les gens sont méchants et injustes mais vous avez été témoin et bénéficiaire d'une solidarité et d'une grande générosité de la part d'un ami ? Ça aussi vous venez de l'apprendre. C'est la vie ! Souriez et rendez grâce !

Dans la vie, tout semble simple et évident et nous pouvons vivre les évidences avec naïveté jusqu'à ce que les défis de la vie qui viennent souvent, viennent nous réveiller, nous éveiller et nous conscientiser. L'essentiel, c'est de sourire et se dire : «J'ai appris».

Les événements de la vie sont des révélations, des découvertes ou des confirmations. Il n'y aura aucune bonne raison de devoir s'en plaindre ! Il faut sourire et apprendre, grandir et se renforcer, apprécier, rendre grâce et avancer !

Rendez grâce ! Souriez ! Apprenez ! Rendez grâce et n'oubliez pas que tout est une opportunité pour apprendre, pour découvrir, pour mûrir et pour grandir. Grandissons à chaque fois ! Manifestons du leadership à chaque fois ! Montrez-vous grands ! Elevons constamment notre leadership !

28.

SAISISSEZ L'OPPORTUNITÉ DES ÉPREUVES POUR COMPRENDRE LES AUTRES

Avant de vivre certaines expériences, connaître certaines épreuves et avant d'atteindre un certain niveau, on pense toujours que ceux qui ne s'en sortent pas, ceux qui sont défaillants et peu résilients ne font aucun effort ou n'ont aucune envie de bien faire.

Mais il faut vivre les mêmes expériences, les mêmes épreuves et atteindre le même niveau pour comprendre que ceux qui faillissent de temps en temps ne le sont pas parce qu'ils seraient juste des lâches. Au contraire ce sont des hommes et des femmes de bonne volonté pour qui les choses n'ont pas été évidentes. Et ça nous arrive à nous tous.

J'ai maintenant bien des raisons de ne pas en vouloir à une personne (avec peu d'expériences et de vécus) qui dit les choses de façon platonique et évidente. Je ne me dis pas qu'il serait naïf. Je me dis juste : « On dirait qu'il y a des choses qu'il n'a pas vécues. Comprends-le ! »

Moi-même j'ai été tout aussi naïf... Voyons !

> 1) Avant de rater le paiement des salaires pour la première fois, je me disais qu'un bon manager doit tout faire pour payer les salaires car l'ouvrier mérite son salaire. Maintenant je sais que lorsqu'on n'a pas produit du résultat et que la banque et les amis ne vous ont pas passé de l'argent, ça arrive bien aussi régulièrement !

2) Avant d'être tenté pour la première fois d'appeler un call girl, je me suis toujours dit qu'il faut manquer de caractère et de discipline personnelle pour faire ces choses-là. Maintenant je sais qu'à un moment donné, un homme qui voyage beaucoup, a des défis dans son couple, se sent seul, perd le goût de la vie, vit une fatigue professionnelle et intellectuelle chronique et qui est au bord de la déprime peut nager dans l'alcool, s'embaumer de la fumée de petites drogues et peut bien solliciter des prostituées.

3) Avant de devenir millionnaire et d'avoir des défis de millionnaires, je me disais qu'une personne qui a gagné au moins 10 millions francs CFA (15.000 euros) dans sa vie devrait bien le gérer pour ne plus avoir des défis d'argent. Maintenant je sais que les gens qui sont riches en quelques dizaines de milliers de francs ont les défis qui y correspondent et ceux qui sont riches en milliards ont les défis qui y correspondent.

4) Avant de divorcer, je me disais que ceux qui divorcent sont des lâches. Mais quand la mère de ma fille aîné a demandé le divorce (ma fille m'a demandé pourquoi je n'ai pas refusé), j'ai vu que je n'étais pas que lâche, ce n'était pas évident. Bien sûr j'aurais pu réagir autrement. Mais je sais que je n'en avais pas les moyens. Et la plupart des gens n'ont pas les moyens de faire autrement. Je les comprends maintenant.

5) Avant d'être menotté pour la première fois, je me disais que les gens qu'on menotte étaient des grands bandits criminels. Mais quand j'ai été menotté pour la première fois, j'ai compris qu'on menotte des gens bien juste parce qu' on soupçonne qu'ils ont fait quelques choses de très grave.

Si vous n'avez jamais vécu ce que les autres vivent, taisez-vous et attendez de le vivre avant de leur donner des leçons.

Si vous avez déjà vécu cela avec succès, rappelez-vous combien vous aviez tremblé.

Si vous êtes en train de vivre la même chose que les gens que vous avez plaints, ne vous en faites pas. Souriez ! C'est l'opportunité de comprendre les autres.

Si les autres ne s'en sortent pas et que vous pensez que vous pouvez mieux faire, aidez-les ! Ne vous moquez pas d'eux !
Vous êtes choqué par ce qui vous arrive ? Souriez et dites : «Donc ça n'arrive pas qu'aux autres ? « Et bien non ! Souriez encore et dites : «Je vois. Maintenant, je comprends mieux ceux à qui c'est arrivé ! «

Souriez ! Comprenez les autres ! Pardonnez aux autres ! Souriez à la vie et accueillez chacune de ses offrandes comme une opportunité ! Apprenez ! Grandissez ! Soyez leader ! Montrez-vous grand ! Manifestez du leadership ! Elevez constamment votre leadership !

29.

SI VOUS LE VIVEZ MAL, FAITES-VOUS LA PROMESSE DE NE PAS LE FAIRE VIVRE AUX AUTRES

Certaines personnes vivent mal des situations et promettent de faire subir la même chose aux autres. D'autres vivent mal les situations et se disent : «Même à mon pire ennemi je ne ferai pas vivre ce que j'ai vécu». Et la différence dans la maturité se fait clairement à ce niveau !

La question que nous devons nous poser en effet, c'est de savoir si les épreuves nous rendent plus mûrs et plus leaders ou si nous les laissons nous propulser dans les méandres de la bassesse !

Vous savez maintenant que j'ai été menotté une fois. Je dois ajouter que j'ai déjà été placé en garde à vue deux fois (1 fois 1 jour et une autre fois 7 jours x 2=14 jours). Ne vous en faites pas, j'avais le sourire. Et j'ai toujours le sourire en parlant de ça.

Est-ce que j'ai bien vécu la chose ? Je ne l'ai pas mal vécu ! J'avais le sourire ! Et imaginez ce qui s'est passé ! J'ai regardé comment les choses se passaient et j'ai souri.

Ensuite, j'ai upgradé mon bouclier de résilience et de performance adaptative. Je me suis rendu compte du gros effort que j'avais besoin de faire pour ne pas avoir mal et pour m'adapter. J'ai vu comment les gens pouvaient craquer et pleurer et surtout très mal vivre les choses. Et là la promesse est claire : Je ne vais pas faire vivre cela à personne pour aucune raison au monde.

La première fois où un fournisseur m'a convoqué à la brigade financière pour facture impayé (C'est bien drôle hein ! On emprisonne chez moi pour des dettes purement commerciales), je l'ai très mal vécu ! J'avais 14 mois d'expérience en tant qu'entrepreneur et si fragile que j'étais - Franchement je n'ai pas bien vécu cela. Je me suis promis dès lors que je ne poursuivrai personne en justice encore moins la convoquer pour quelques raisons que ce soit ! Je cède le passage ! Je laisse passer !

   1) Cela m'oblige à tout faire pour être correct, pour ne pas obliger les gens à devoir me poursuivre.

   2) Cela m'oblige à trouver à chaque fois de bonnes ententes avec les gens et surtout ne jamais envisager la poursuite comme meilleure issue.

   Si vous vivez mal le retard, soyez à l'heure ! Si les autres ne sont pas à l'heure, vous savez que ça n'a pas été facile pour vous de vous obliger à être à l'heure !

Si vous vivez mal qu'on ne décroche pas vos appels et qu'on ne vous rappelle pas, Décrochez les appels ou rappelez ! Si les autres ne le font pas, vous savez que ça n'a pas été facile pour vous de vous obliger à le faire !

Il y a certainement de bonnes raisons de faire vivre aux autres ce qu'on vit mal ou ce qu'on n'aurait pas supporté, mais si cela doit être délibéré, choisissez délibérément de manifester du leadership !

Soyez différent ! Montrez de la maturité ! Montrez-vous leader ! Montez-vous grand ! Elevez votre niveau ! Adoptez une attitude supérieure ! Surfez à une dimension supérieure ! Manifestez du leadership quoi qu'il en soit !

30.

NE PERDEZ PAS VOTRE TEMPS DANS LA MÉCHANCETÉ SILENCIEUSE

La méchanceté silencieuse, c'est lorsque vous en voulez bien gravement à une personne. Elle vous énerve vraiment ou la détestez vraiment. Vous la voyez tous les jours, presque toutes les heures. Vous ne pouvez pas vous montrer violent ni ouvertement méchant.

Vous êtes obligé de faire semblant de l'aimer mais silencieusement vous êtes rongé. Lorsqu'il ou elle vous appelle, vous êtes obligé de décrocher et de vous montrer gentil. Il ou elle vous énerve avant que vous ne décrochiez. Vous faites semblant de bien gérer l'appel mais aussitôt que vous raccrochez, vous dites à l'intérieur de vous : «Tu te prends pour qui ? Tu penses que j'ai ton temps ? Je vais te marquer ça et tu verras».

Quelqu'un est en train de se ronger et de se ruiner ici. Et vous savez qui c'est ?

Si vous ne pouvez pas détester ouvertement une personne (ce qui ne rapporte pas non plus), tâchez de l'aimer et de coopérer ouvertement avec elle. Si vous ne pouvez pas avoir une conversation ouverte avec elle pour lui faire part de vos sentiments, parlez-en avec un tiers et libérez-vous de votre prison intérieure.

Certaines situations qui nous rongent ont besoin de soin, de guérison ou de sourire. Souriez et dites-vous : «Écoute, pourquoi tu te fais du mal pour rien ? Et puis l'autre ne sait pas ! Tu essaies de te comporter bien avec lui. Comporte-toi bien avec toi-même. Ne te ronge pas silencieusement ! Ne sois pas méchant avec toi-même !

La plupart des gens tolérants et doux que je connais sont des méchants silencieux. Ils font croire aux gens qu'ils sont d'accord avec eux quand ils sont en situation avec eux. Lorsque vous les voyez agir et réagir, vous vous dites qu'ils font partie des gens SAINTS que la planète terre a la bénédiction d'abriter.

Mais au fond d'eux-mêmes, ils se rongent silencieusement, murmurent et rouspètent tout seuls régulièrement. Ils sont méchants (envers eux-mêmes) et se rongent mais personne ne sait. Ils se détruisent et personne ne sait. Ils semblent tolérants alors qu'en silence et seuls, dans le fond, ils n'ont jamais rien toléré. Ils procèdent ainsi jusqu'à ce qu'un cancer les emporte. Et tout le monde est étonné que la gentille dame puisse avoir un cancer. La vérité, c'est qu'elle s'est rongée toute sa vie.

Guérissez-vous de l'intérieur ! Rayonnez de l'intérieur ! Gagnez la bataille intérieure ! Soyez intégralement bon ! Faites du bien et faites-vous du bien ! Soyez leader ! Elevez votre leadership ! Elevez votre niveau ! Soyez plus fort ! Relevez la tête ! Souriez ! Pardonnez ! Pardonnez ! Manifestez du leadership !

31.

VÉRIFIEZ SI VOTRE AUTO-DISCIPLINE N'EST PAS DE L'AUTOFLAGELLATION DÉGUISÉE

L'une des premières manifestations du leadership, c'est le sens du sacrifice. Ceci dit, aucun sacrifice n'est utile si vous ne finissez pas par vivre le bonheur de servir et de vous sacrifier pour être utile.

Le but du leadership, c'est la plénitude de la joie de vivre, de réussir, de réussir avec les autres et de les faire réussir.

Vous dites que vous vous sacrifiez pour votre famille et que c'est à cause d'eux que vous travaillez 20h par jour (pour les mettre à l'abri du besoin) et êtes parti tout le temps et pourtant quand vous êtes finalement avec eux, vous n'exprimez aucune joie de vivre. Vous êtes tendu, vous grondez et grognez tout le temps. À quoi servent vos sacrifices donc ?

Vous êtes conscient qu'il faut gagner sainement de l'argent, le dépenser sainement, en épargner et le fructifier pour ne manquer de rien pendant ses vieux jours (et pouvoir profiter de la vie). Vous vous êtes appliqué depuis bientôt 15 ans et avez accumulé suffisamment d'argent mais vous n'en profitez toujours pas et êtes plus triste que les miséreux du coin. Pourquoi vous vous appliquez donc ?

Vous avez appris qu'il faut être ferme et mettre tout le monde en ordre de discipline et de bataille pour que les résultats soient atteints. Vous le faites pour que les résultats soient atteints. Les résultats sont atteints et vous ne célébrez pas, ne félicitez pas. Et pire vous dites que vous avez juste fait votre travail. Quand allez-vous éprouvez un peu de bonheur, un peu de plaisir donc, un peu de joie donc ?

Pendant ce temps votre vie et votre carrière qui semblent si enviables de l'extérieur puent et frisent la monotonie et la désolation intérieure.

 Et il y a bien des jours où vous vous demandez : «À quoi sert tout ça ?». Vous piquez une crise de colère et vous vous en prenez à vos enfants ou à votre conjoint(e) ou aux collaborateurs comme s'ils ne comprenaient pas que c'est à cause d'eux que vous souffrez si tant. Euh qu'ont-ils demandé ? : Du pain et de la paix ! (L'essentiel et surtout le bonheur de vivre ensemble). Ne voyez-vous pas que vous n'arrivez pas à leur offrir cela malgré tout ?

Franchement, le but du leadership, c'est la joie de vivre et le bonheur de réussir ensemble. Si vos efforts de discipline ne conduisent pas systématiquement à rien de cela, vous n'avez aucune discipline personnelle. Vous vous auto-flagellez jour après jour.

Semez le bonheur quoi qu'il en soit ! Visez la joie de vivre quoi qu'il en soit. Soyez attractif ! Lâchez prise ! Prenez du plaisir ! Vibrez du charme ! Décomplexez-vous ! Vibrez du bonheur ! Soyez attractif ! Soyez heureux ! Manifestez du leadership quoi qu'il en soit ! Le bonheur de maintenant est la seule opportunité, le reste n'est que du bonus !

32.

L'AMITIE SE DOIT DE DEPASSER LA RECIPROCITE

Les amis s'entraident, les leaders rendent service. Les amis sont solidaires, les leaders font des faveurs. Les amis aident les amis, les leaders servent l'humanité aussi bien qu'ils auraient aimé qu'on les serve.

J'ai eu la chance de grandir dans une ville qu'on appelle Porto-Novo (Capitale du Bénin). J'y ai passé mon cycle secondaire et le lycée. Et s'il y a une chose qui vous marquera forcément lorsque vous avez grandi à Porto-Novo, ce sont les funérailles ou les obsèques. Bien sûr, les gens s'endettent pour organiser des cérémonies d'enterrement. L'essentiel, c'est que les gens retiennent que vous avez dépensé plus d'argent, que les obsèques de vos parents ont été retentissantes.

Mais ce n'est pas la partie la plus intéressante du film : 1) On met le paquet parce que les amis seront là et devront être bien accueillis ; 2) Ils sont obligés d'être là parce que vous avez été là pour les obsèques de leurs parents ou beaux-parents ; 3) Vous dépensez autant parce que vous savez qu'ils vont vous donner de l'argent légèrement plus que ce que vous aviez donné (si vous aviez donné 1.500 FCFA , ils doivent donner 2.000 FCFA) ; 4) Si vos amis ne viennent pas et ne donnent pas, vous pouvez les faire arrêter en chemin et récupérer vos anciennes mises.

Le quatrième point règle la question. Ce n'est pas de l'amitié, c'est du placement de service ou d'argent avec intérêt. Tu me sers et je te sers.

Tu as été présent pour moi et je me sens obligé d'être présent pour toi. Tu n'as pas été là pour moi donc je ne me sens pas obligé d'être là pour toi. C'est de la pure réciprocité et on n'a pas besoin d'être un leader exceptionnel pour servir la réciproque.

C'est lorsque vous dépassez ce besoin de réciprocité pour ne plus baser les faveurs et les élans de solidarité sur le mérite que vous savez que vous avez commencé à vous élever vers les sommets du leadership.

Là où les autres attendent la reconnaissance, la gratitude et le retour d'ascenseur, le leader fait ce qui est bon, ce dont les gens ont besoin, ce qui compte pour eux et il les aide à avoir ce qui leur tient à coeur qu'ils aient du mérite ou pas.

Si nous devons attendre que les autres soient corrects avant d'être corrects avec eux, que faisons-nous d'exceptionnel ?

La plupart des gens ne retournent que le bien qu'on a fait pour eux et naturellement lorsqu'on leur fait du mal, ils retournent le mal. Les leaders savent que lorsque la bonté ne dépasse pas l'exigence de réciprocité, la méchanceté devient donc réciproque.

Lorsqu'une personne qui n'a pas été correct avec eux a besoin d'aide, les leaders sourissent et se disent : « Et pourtant il a besoin d'aide. Qu'est-ce que j'aurais fait s'il avait été correct et parfait et si je m'oblige à être correct et parfait malgré tout ? ». C'est alors qu'ils savent qu'ils doivent manifester de la bonté.

N'attendez pas que les autres soient bons avant d'être bon ! N'attendez pas que les autres manifestent du leadership avant de manifester du leadership ! N'attendez pas que les autres aient du mérite avant de vous montrer leader ! Faites ce qui est à la hauteur de votre rang et c'est peut-être ainsi que vous élèverez bien de gens au rang de leaders ! Montrez-vous grand ! Montrez-vous leader ! Elevez votre leadership ! Manifestez du leadership quoi qu'il en soit !

33.

PROFITEZ DU FAIT QUE PERSONNE NE VOUS PREND AU SERIEUX

Lorsque personne ne vous prend au sérieux, vous n'avez pas de pression à vous mettre. Et si délibérément, vous vous mettez la pression d'être exceptionnel et de manifester du leadership et de vous élever progressivement en silence, les gens se lèveront un jour pour se rendre compte de ce que vous êtes un leader redoutable.

Dans une compétition, les équipes les plus redoutables ne sont pas forcément les équipes à craindre. Au contraire, elles constituent les équipes que tout le monde veut battre ou tenir en échec. Pendant ce temps les équipes que personne n'attend ont la possibilité de jouer décomplexées et de devenir redoutables parce qu'elles ont eu la possibilité de se préparer sereinement et secrètement !

J'appelle cela la stratégie de l'équipe apparemment faible. Personnellement, j'affectionne le fait que personne ne me prend au sérieux. Et je sais bien jouer le jeu. Je crois que l'un des secrets de performance que nous avons à The H&C Group, c'est que nous semblons tellement insignifiants et n'avons qu'une artillerie apparemment faible que personne ne nous prend au sérieux. Ce qui nous permet de continuer de faire le travail de l'ombre sans pression et de réaliser de temps en temps de gros exploits.

Cette stratégie nous marche d'autant plus qu'auparavant nous avions essayé une stratégie de grande présence médiatique (qui peut bien être efficace) mais qui n'a fait que mettre au grand jour nos faiblesses.

Désormais, c'est clair que nous prenons du plaisir à ce que les gens ne nous prennent pas au sérieux et nous minimisent parce que nous ne faisons pas preuve d'une grande démonstration de puissance.

Utilisez cette stratégie de l'équipe apparemment faible et continuez de vous développer et de vous améliorer.

- Si les gens mettent l'accent sur vos faiblesses et se moquent de vous, faites la liste de vos qualités. Ne vous mettez surtout pas sur la défensive. Ensuite, prenez vos points de faiblesses les uns après les autres et éliminez-les.

  Je peux vous assurer que pendant ce temps les gens penseront que vous avez toujours les mêmes faiblesses. Ils vont juste se réveiller un jour et se rendre compte que vous avez passé votre temps à vous améliorer pendant qu'ils ont pensé que vous êtes toujours le faible qu'ils ont connu.

- Si au sein de votre équipe de direction ou de département personne ne vous prend au sérieux, ne vous en faites pas. Elaborez votre plan de développement personnel, professionnel et managérial. Faites-vous coacher secrètement et améliorez-vous à fond. Les gens penseront que vous êtes la personne faible et vulnérable qu'ils ont toujours connue pour se rendre compte de ce que vous vous êtes drastiquement amélioré.

Les gens qui peuvent vous sous-estimer vous rendent un grand service. Prenez note de leurs remarques et améliorez-vous et ne laissez pas leurs acharnements vous distraire.

Comme le disait le chanteur ivoirien Douk Saga : « J'aime mes ennemis parce qu'ils me permettent de m'améliorer ». Sans appeler vos critiques vos ennemis, faites vôtre cette ligne. Les critiques ont une faiblesse : « Ils sont tellement occupés à critiquer les autres qu'ils ne font rien qu'on puisse critiquer pour leur permettre de s'améliorer ». Profitez de leurs critiques pour vous améliorer pendant qu'ils s'oublient dans la critique systématique de ce que vous faites !

Concentrez-vous sur votre amélioration ! Continuez de vous préparer, de vous affiner et de vous aiguiser ! Continuez d'améliorer votre leadership et de vous affuter pour devenir l'homme de la situation ! Montrez-vous grand ! Montrez-vous différent ! Visez l'excellence ! Gardez le sourire ! Manifestez du leadership quoi qu'il en soit !

34.

CLIQUEZ « IGNORER »

Le succès abondant est la meilleure vengeance que vous puissiez vous offrir si bien que si les gens vous provoquent ou se moquent de vous, la seule chose que vous puissiez faire pour finir par produire du résultat retentissant, c'est de cliquer « IGNORER » et vous concentrer sur le travail que vous avez à faire pour continuer de manifester du leadership et de rentrer dans l'histoire.

Le chien aboie, la caravane passe ! Pourquoi la caravane devrait-elle donc stopper sa progression pour s'occuper du chien qui ne sait qu'aboyer lorsqu'il voit les autres évoluer vers l'excellence ?

J'ai eu l'opportunité de travailler avec un partenaire et associé qui n'avait qu'une seule façon de se valoriser lui-même que de mentionner les erreurs que j'avais commises 5 à 8 ans auparavant. Au départ, j'accordais une grande valeur à ses expériences jusqu'à ce que je me rende compte de ce qu'à chaque fois que je l'écoutais et prenais au sérieux ses critiques acerbes et ciblées, je perdais mon enthousiasme et mon envie d'aller de l'avant !

Imaginez ce que j'ai fait : j'ai cliqué « IGNORER ». Je l'ai tellement ignoré au point où un jour, il me fit remarquer que je ne lui parlais plus de mes projets et qu'il se demandait ce qu'il m'aurait fait. J'ai cliqué « IGNORER » ensuite j'ai répondu : « Je n'ai pas de nouveaux projets. Je me bats juste pour améliorer ceux que tu connais déjà ». Il n'attendait qu'une chose : « SE REJOUIR DE ME DESTABILISER A NOUVEAU ». J'ai tout simplement cliqué « IGNORER ».

Dans vos équipes, il y aura toujours des gens dont le travail essentiel sera de montrer à tout le monde que vous n'êtes pas aussi parfait qu'ils le pensent, cliquez « IGNORER » ;

Il y en aura peut-être qui rappelleront à tout le monde qu'ils vous connaissent et que vous avez les plus grosses difficultés du monde. Dans quel but pensez-vous qu'il ferait tout ça ? POUR VOUS DISTRAIRE ! Parfait ! Cliquez « IGNORER » donc !

Il y en aura qui viendront carrément vous inviter pour que vous alliez sur le ring qu'ils ont préparé afin que vous soyez un peu distrait du beau travail qui vous permet d'exceller et de manifester du leadership ! Pourquoi allez-vous monter sur le ring avec eux ? Cliquez « IGNORER ».

Si vous avez décidé de manifester du leadership et de rentrer dans l'histoire, quel meilleur service pensez-vous donc que vous pouvez rendre à ceux qui veulent empêcher l'accomplissement d'une mission historique si ce n'est de les ignorer !

Ne vous laissez faire ! Ne vous faites pas avoir ! Répondez en leader à tous les tests de distractions et ignorez le reste ! Concentrez-vous sur votre élément et continuez de manifester du leadership même si la plupart des gens autour de vous n'ont qu'une idée : « Vous distraire et vous ramener à leurs niveaux ! ». Cliquez « IGNORER » ! Empruntez l'ascenseur supérieur ! Adoptez l'attitude supérieure ! Montrez-vous plus grand ! Montrez-vous leader ! Manifestez du leadership !

35.

JOUEZ LE JEU DES MINIMISATEURS

Si une personne a besoin de vous rapetisser et de vous humilier avant d'avoir l'impression d'être important, ne vous en faites pas pour lui. Si vous ne le faisiez pas trembler, il n'aurait pas eu besoin de vous casser autant.

Les gens qui nous humilient publiquement ou nous manquent clairement de considération nous envoient trois à quatre messages environ :

1) Tu n'as pas de la considération pour moi, moi aussi je veux montrer à la face de tout le monde que je n'ai aucune considération pour toi.

    Bon, vous savez qu'on ne fait pas autant d'efforts face à des gens qui ne sont pas redoutables. Et si d'aventures vous n'avez pas vraiment de la considération pour lui ; montrez-vous leader car si vous continuez de l'humilier, il va prendre du plaisir à vous humilier.

2) Les autres auront beau penser que tu es extraordinaire mais pour moi tu n'es rien et tu n'as aucune valeur.

    Lui seul sait à quel point vous le faites trembler et il a besoin de faire savoir que vous ne le faites pas trembler. Il n'y a aucune information nouvelle ni utile qu'il soit en train d'envoyer. Cliquez : « IGNORER »

3) Tu me poses un gros problème et si je ne t'écrase pas et ne t'humilie pas, tout le monde va vraiment finir par penser que tu es plus fort que moi.
Hérode (dans la Bible) a fait tuer des innocents parce qu'il a appris qu'un Roi serait né dans son royaume. C'est le propre des leaders en manque de sécurité. Ils perdent les moyens lorsqu'il y en a plus fort qu'eux qui fait surface. L'un des moyens qu'ils utilisent pour l'écraser, c'est de le minimiser constamment et de l'humilier publiquement.

Si vous êtes la personne que le faible essaie d'agresser, vous n'avez pas à vous en faire. Continuez de manifester du leadership, c'est lui qui a besoin de coaching et d'accompagnement pour devenir un leader plus en sécurité. Si vous pensez que vous en avez besoin également, contactez-moi !

4) Tout le monde t'accorde une grande valeur mais pour que moi je m'intéresse à toi, il va falloir que tu fasses davantage tes preuves.

Et voilà une information intéressante ! Prenez cette information et jouez le jeu de votre minimisateur ! Souriez et continuez de vous améliorer ! Faites en sorte que dans les semaines ou mois ou années qui suivent il avoue clairement qu'il s'est vraiment trompé à votre sujet !

Faites-le à la Cristiano Ronaldo. A peine le roi Pélé aura émis des réserves sur sa capacité à prétendre être l'un des plus grands joueurs de tous les temps, qu'il a marqué trois (3) fois en match de poule (Portugal-Espagne) à la Coupe du Monde 2018. Répondez sur le terrain ! Répondez par le résultat ! Répondez en leader !

Je ne sais pas comment on appelle cela ! Mais une chose : « Ne vous laissez pas distraire par les minimisateurs. Donnez-leur le rendez-vous sur le terrain des résultats et manifestez du leadership !

Adoptez une attitude supérieure à celle des minimisateurs ! Prenez de la hauteur ! Montez en régime ! Montrez-vous grand ! Montrez-vous plus grand ! Challengez-vous ! Souriez et Manifestez du leadership !

36.

LAISSEZ LE TEMPS FAIT SON TRAVAIL D'OPTIMISATION

Le temps ne sert à rien si ce n'est qu'il rend le plus grand service à ceux qui ont des objectifs à atteindre. C'est pour cela que le temps est la meilleure ressource à la disposition des leaders.

Par exemple, dans les démocraties, un président de la République dispose d'environ 8 à 14 ans maximum pour rentrer dans l'histoire. Non seulement il doit arriver à un moment de l'histoire où il est l'homme de la situation mais il doit faire de sorte qu'il soit en train de rentrer dans l'histoire pendant que l'histoire se déroule. On peut clairement dire à cet effet que pour lui (et pour les leaders), le temps est compté.

Dans la réalité, les leaders accordent moins de valeur au temps que ce qu'ils sont en train de faire pendant que le temps passe. Et bien évidemment, ils sont des plus sereins lorsque le temps passe. Et il n'y a rien qui puisse être en leur défaveur que le court terme.

- Lorsqu'un leader a de bonnes intentions, une grande vision qui nécessite du temps pour devenir une réalité, il peut parfois avoir affaire à des interlocuteurs qui sont très pressés et qui ont du mal à le comprendre ;

- Lorsqu'un leader a une vision très grande qui doit révolutionner les réalités actuelles ; bien évidemment, les gens qui sont dans le concret et veulent du concret ne le comprennent que rarement ;

- Lorsque le leader apporte des idées révolutionnaires et des suggestions de réforme, là encore, il est totalement détestable dans le court terme.

L'idée que les usagers de la route peuvent s'impatienter parce que les travaux de réhabilitation ou d'extension d'une route leur causent des désagréments montre encore plus jamais que les gens qui veulent faire de grandes choses n'ont pas toujours le court terme à leur avantage. Ce qui pousse parfois certains dirigeants à vouloir devenir populaires en ne faisant que des choses qui plaisent aux gens dans le court terme.

Mais les leaders qui se font valider avec le temps, savent que lorsqu'ils doivent agir , ils sont pris en otage par trois facteurs : 1) Rechercher leur satisfaction personnelle ; 2) Faire le politiquement correct pour plaire aux gens ; 3) Faire ce qu'ils ont à faire pour produire du résultat sur la durée même si cela va mal faire à beaucoup de gens dont eux-mêmes sur le court terme.

Ils savent très bien que ce faisant, ils vont essuyer des critiques et se faire détester. N'empêche, ils gardent le sourire, continuent de garder un œil sur la destination et s'appliquent à manifester du leadership. En effet, ils savent très bien que le temps est leur allié sur le long terme et que :

- **Le temps est un grand réparateur.** Vous pouvez faire des choses aujourd'hui et les gens vont penser que vous êtes leur pire ennemi. Parfois leurs blessures sont tellement profondes qu'ils vous en veulent amèrement. Mais avec le temps la réparation est faite soit parce qu'ils se rendent compte que vous leur avez rendu service plutôt ou que vous n'aviez jamais voulu leur faire du mal.

- **Le temps est un grand révélateur.** C'est sur la durée qu'on se rend compte de celui qui était vraiment le leader. Beaucoup de gens peuvent le prétendre mais avec le temps, il y en a qui restent tellement égaux à eux-mêmes et à leur principes qu'on se rend compte qu'ils ont toujours été les leaders.

- **Le temps est souvent le meilleur conseiller.** Si vous n'avez pas idée de ce que vous devriez faire, gardez le sourire. Ne perdez pas pieds. Ne perdez pas patience. Le temps va murir les choses et vous donner le bon conseil.

- **Le temps est une opportunité.** Personne ne sait s'il verra demain. Aujourd'hui est une opportunité. Et si vous avez la chance de voir demain, rendez grâce et utilisez-le pour manifester du leadership.

Peu de leader se font aimer de leur vivant et ceux qui ont tout fait pour se faire aimer ne sont devenus de petits leaders ruinés par leur propre soif de popularité.

Gardez le sourire. Si le temps semble jouer contre vous et tout le monde vous déteste, gardez le sourire ! Le temps est votre allié !

Si tout le monde est impatient peut-être parce que votre vision prend du temps, souriez et assurez-vous de manifester du leadership. Le temps vous aidera ! Au pire des cas, manifestez grandement du leadership chaque jour et à la fin de chaque journée, vous aurez été leader.

Elevez le niveau ! Gardez de la perspective ! Continuez de rêver ! Continuez de croire ! Continuez de voir grand ! Montrez-vous grand ! Soyez grand ! Gardez le sourire ! Et manifestez du leadership quoi qu'il en soit !

37.

SEMBLEZ BETE SUR L'INSTANT ET 'IMPOSEZ-VOUS COMME LE LEADER AVEC LE TEMPS

Les leaders ne sont pas pressés de gagner des batailles. Ils savent se préparer pour une guerre plus longue. Et en matière de leadership, les vraies différences se font sur la durée.

Je ne sais pas à quel moment cela s'est imposé comme conception du leadership, mais la plupart des gens sont unanimes pour penser que le leader dans une situation, c'est celui qui sait être ferme, se montre le plus habile et le plus futé et celui qui arrive à se tailler la grosse part du gâteau sur le court terme. Et quand vous ne le faites pas, on pense que vous êtes faible.

Penser cela, c'est oublier pourquoi le lion n'est pas l'animal le plus grand ni le plus fort dans la forêt mais il reste le roi de la forêt.

Je suivais la dernière fois une dirigeante dire que ce n'est pas facile pour elle de diriger des hommes compte tenu des pesanteurs sociales de son pays. Pour se tirer d'affaires, elle crie et utilise la fermeté pour remettre les hommes à leurs places et selon elle, c'est une méthode qui lui marche super bien ; sauf qu'au bout de quelques quatre (4) mois son entreprise était en difficulté et au bord de la faillite. Allez-y voir !

- Vous savez maintenant que l'influence n'a pas besoin de muscles.

Mais plus encore sur le long terme, les gens qui font profil bas et font croire à tout le monde qu'ils sont très faibles s'imposent plus facilement comme le leader.

- Savoir faire profil bas est l'une des stratégies de prospérité les plus utilisées par les grands leaders. Ils savent que « les gens qui veulent les chercher » ne veulent qu'une chose : « Qu'ils acceptent faire la guerre ». Alors ils font profil bas et refusent la guerre !

- A partir du moment où les autres pensent que vous êtes « bête » parce que vous avez décidé de faire profil bas, ils n'ont plus personne à attaquer ; ce qui vous laisse le temps de vous renforcer et de devenir silencieusement l'homme ou la femme de la situation ;

- Faire des concessions est considéré comme de la faiblesse mais les leaders savent que ce qui compte ce n'est pas ce qu'ils gagnent personnellement mais ce qui est gagné pour tout le monde. C'est pour cela que parfois pour leurs propres camps, ils ont été faibles. Ils tiennent à réussir, réussir avec les autres et faire réussir les autres. Il est normal que ceux qui veulent gagner au détriment des autres ne croient pas en accord eux et ne veuillent pas les suivre !

Acceptez de paraître bête en faisant trop de concessions s'il le faut pour finir par manifester grandement du leadership ! Concentrez-vous sur le leadership durable ! Priorisez le leadership gagnant ! Faites profil bas ! Laissez-les gagner ! Pendant ce temps, élevez votre leadership ! Gagnez la bataille intérieure ! Manifestez grandement du leadership ! C'est ce qui compte le plus ! Et le temps confirme toujours que le leadership finit toujours par gagner !

38.

TREMBLEZ. RESPIREZ. SOURIEZ. MANIFESTEZ DU LEADERSHIP

La force des leaders n'est pas dans le fait qu'ils ne vivent pas ce que les autres vivent ni ne tremblent pas comme la plupart des gens tremblent. Comme tout le monde ils vivent de mauvaises passes et perdent très souvent les pieds, mais à la fin, ils finissent toujours sur une note de leadership ! Tremblez mais finissez par gagner !

Si vous avez lu le livre TRAVAILLEZ SUR VOUS POUR LES LEADERS, vous savez certainement que les leaders ne sont pas parfaits mais ils ont réussi à faire des choses exceptionnelles qui illuminent éternellement leur leadership et nous finissons toujours par les sanctifier et les hisser malgré leurs imperfections au panthéon de l'excellence en leadership.

Alors, ne vous en faites pas si vous êtes subitement sous stress, perdez le contrôle un moment et vous vous mettez à avoir des sueurs froides et à trembler à l'idée de ne pas pouvoir être à la hauteur (TOUT LE MONDE TREMBLE...MEMES LES GRANDS HOMMES) ; l'essentiel, c'est la note d'excellence sur laquelle vous terminez.

Pleurez si vous en avez envie ! De grands hommes avant vous ont pleuré et cela n'a rien enlevé à leur leadership et à leur grandeur. L'essentiel, c'est de continuer à manifester du leadership et de faire des choses exceptionnelles qui marquent votre grandeur à vie.

Amusez-vous, chantez et dansez ! Cela n'enlève rien à votre grandeur si vous savez marquer d'une grande marque de leadership chacune de vos pensées, de vos attitudes, de vos stratégies, de vos options et de vos actions.

- Trembler n'est pas un défi. Si c'est le cas, RESPIREZ et questionnez la bonne chose à faire.
- Trembler n'est pas un défi. SOURIEZ et dites-vous : « Comme toujours, je vais m'en sortir. Je vais absolument m'en sortir. »
- Trembler n'est pas un défi. Souriez encore et faites ce que vous avez à faire pour que qui doit le savoir sache que vous êtes passé par là et que vous avez laissé votre empreinte de leader.

Gardez le sourire ! Tremblez si vous en avez besoin ! Respirez s'il le faut ! Souriez encore pour décompresser et agissez pour en sortir LEADER ! Agissez en grand ! Gardez le sourire et manifestez du leadership !

39.

L'OBJECTIF ULTIME, C'EST DE RESTER LE LEADER

Ne pas être ou ne plus être le N°1 ne vous diminue en rien. Sur le fond, c'est celui qui manifeste plus de leadership qui gagne, peu importe si les choses ont été difficiles ou si les protagonistes voient clairement ses failles.

Ce n'est pas celui qui est au poste ni en tête d'une équipe qui est le leader ! Le leader, c'est celui qui réussit à manifester du leadership à tous les coups et plus que quiconque. Ne vous battez donc pas pour les titres et les honneurs. Manifestez du leadership et vous finirez par en avoir ou retrouver les titres et les honneurs.

Tout finit par passer ! Non ?

Ceci dit, il arrivera des moments où vous aurez l'impression que votre honneur et votre dignité sont foulés aux pieds. Il arrivera un moment où vous aurez l'impression qu'on ne vous respecte pas, qu'on n'a plus pour vous la considération que vous pensez que vous méritez.

Au lieu de vous en prendre aux gens, souriez. Vous le savez très bien : vous devez et vous pouvez manifester du leadership à chaque instant.

Si vous avez l'impression qu'on ne vous respecte plus en tant que leader, la chose à faire, c'est de rappeler aux gens que vous êtes le leader de par votre attitude.

Si vous avez l'impression qu'on ne vous accorde plus de valeur, la chose à faire, c'est de produire des résultats de valeur qui attirent l'attention des gens et leur rappellent qui est le leader.

Si vous avez l'impression que les gens sont devenus ingrats malgré tout ce que vous avez pu faire pour eux, la chose à faire n'est pas de se plaindre ni de leur en vouloir (ça ce n'est pas du leadership). La chose à faire, c'est de continuer de les accueillir, de les servir, d'être bon envers eux, d'être correct afin qu'à la fin de la journée ils se rendent définitivement compte de ce que vous êtes le leader.

A partir du moment où vous savez ce que vous devez être, faire, avoir et incarner pour mériter incontestablement le titre de leader, vous n'avez pas besoin de faire autre chose que de garder l'objectif ultime en tête et à cœur : Rester le leader !

Laissez tomber le reste ! Laissez couler les désastres ! Acceptez ce qui se passe ! Et en tout état de cause, répondez en leader ! Agissez en leader ! Soyez grand ! Montrez-vous grand ! Gardez l'objectif ultime en tête ! Regardez haut ! Visez loin ! Gardez le sourire et manifestez du leadership quoi qu'il en soit !

40.

RENDRE GRACE

Pour tirer le meilleur parti de tout ce qui arrive le leader commence toujours par le considérer comme une opportunité ou une grâce quoi qu'il en soit ;

La phrase de Nappoléon HILL a fait maintenant école : « Les perdants voient des problèmes dans les opportunités et les gagnants voient les opportunités dans les problèmes ». Et il ne fait aucun doute que c'est à ce niveau que les vrais différences se font.

Lorsqu'un événement se produit, celui qui veut garder le contrôle doit commencer par se demander : « Comment je fais pour tirer le meilleur parti de ce qui se passe ? ». Mais pour garder ce niveau d'optimisme, d'espérance et d'opportunisme, le leader doit valider une étape préalable : « Se dire qu'il y a toujours quelque chose de positif à tirer de tout ce qui arrive ». C'est alors qu'il va se concentrer pour vérifier le positif et le meilleur à tirer de tout ce qui arrive - plutôt que de se concentrer sur ses déceptions.

Vous l'avez déjà entendu quelque part : « Aucun malheur n'arrive jamais seul ». Je pense qu'on devrait compléter cette assertion par ceci : « Aucun bonheur n'arrive jamais seul et les grâces accompagnent les grâces et les grâces ouvrent les portes aux grâces ».

Dernièrement, j'étais dans une mission avec un collègue et associé à Ndjamena. C'était notre première fois. Nous avions de la chance parce qu'il faisait quelques 32° et parfois la température descendait jusqu'à

27°. Pour les habitants de la ville, c'était de la climatisation.

Alors que j'avais repéré un maquis sénégalais en sortant de l'Eglise, je proposai à mon collègue de marcher pour y aller. Belle surprise : il y a un vent de sable qui nous avait bien accueillis. Mon collègue souffrait vraiment mais finalement nous avons pu traverser. Belle surprise encore : nous sommes arrivés trop tard au restaurant et il ne restait qu'un demi-plat de riz avec sauce maffé. J'essayai le peu de Wolof que je maitrise. Nous aurons été bien reçus par une gentille grand mère sénégalais. Mais bon, pas sortis rassasiés !

Nous cherchions toujours à mettre fin à notre faim. Après avoir pris un peu de maffé, nous avions retrouvé quand même le sourire. Sur le chemin de retour, nous tombions sur un Fast Food. Mon collègue me demanda : « Comment se fait-il que je n'avais pas repéré cela à l'aller ? ». Je lui répondis : « Parce que tu boudais et vivais la disgrâce ». Là maintenant, tu es comblé de grâce et vis le moment présent, tu as les yeux ouverts et voici toutes bonnes choses peuvent t'arriver ».

Faut-il le rappeler donc ? Les choses se passent toujours bien sauf pour ceux qui se sentent déjà mal et les choses se passent toujours mal sauf pour ceux qui se sentent déjà bien.

Les évènements suivants ne viendront que confirmer la façon dont vous vous sentiez bien avant. Et si vous voulez vous sentir bien dans la foulée, accueillez tous les évènements comme de bonnes nouvelles et vous verrez une foultitude d'opportunités et d'enchainements de bonnes nouvelles s'offrir à vous.

Accueillez tout ce qui se passe avec sourire ! Rendez grâce ! Adaptez-vous et souriez ! Attirez le positif ! Vibrez le positif et optimisez vos dispositions personnelles pour manifester constamment du leadership ! Et sachez que quoi qu'il en soit : « Tout est grâce ! ». Elevez votre leadership ! Gardez le sourire ! Voyez grand ! Soyez grand ! Manifestez du leadership !

41.

PRIVILEGIER LE RESULTAT A ATTEINDRE

Nous avons droit de tout sentir, de tout penser, de tout faire à une seule condition : « Cela nous permettra de produire du résultat ».

Personnellement, il y a bien de choses que j'ai souvent envie de faire non seulement parce que tout le monde les fait souvent mais parce que c'est toujours plus facilement à faire (ne serait-ce qu'instinctivement). Et les fois où je les fais, c'est lorsque je perds de vue mes résultats à atteindre :

- Est-ce que j'ai souvent envie et besoin de râler et de crier sur les gens ? Oui bien sûr ! Sauf que je ne le fais que rarement (une fois tous les 18 mois peut-être) parce que lorsque je suis tenté, je me demande toujours : « Est-ce que c'est la meilleure façon dont je vais atteindre les résultats et objectifs en jeu ? ». Si ce n'est pas le cas, je sacrifie mon instinct et opte pour l'exigence de résultat.

- Est-ce que j'ai souvent envie de critiquer et mal parler des efforts que les autres font ? Oui bien sûr ! Sauf que je le fais rarement parce que je suis tellement concentré à produire du résultat moi-même que je n'ai pas le temps de parler de ce que les autres font... Et puis quand je critique, j'ai tellement mal dans mon corps et me sens tellement bizarre que j'arrête parce que le résultat « me sentir bien dans ma peau » me tient à cœur plus que quoi que ce soit...

- Est-ce que je suis souvent tenté d'humilier publiquement mes collègues et associés pour me montrer important ? Oui bien sûr !

Sauf que je tiens tellement à leur motivation que je me rappelle que personne ne peut être motivé si on déchire publiquement son amour propre...

- Est-ce que je suis souvent tenté de mettre les bâtons dans les roues des autres ou de faire du sabotage professionnel ? Oui bien sûr ! Sauf que je suis tellement passionnément et concerné par le bonheur de servir et de rendre les autres forts que je trouve rarement cela nécessaire et productif.

- Est-ce que je suis souvent tenté de me venger ? Bien sûr ! Heureusement j'ai toujours des objectifs à atteindre et quand je me demande : « Au fait, en quoi te venger te permettra d'atteindre l'un de tes objectifs importants du moment ? », la réponse est toujours « NON ». Conséquence, j'ai toujours trop peu de marge de manœuvre pour me venger.

Quand est-ce que je me retrouve à faire ces choses par lesquelles je suis tenté mais que je fais rarement ? Lorsque j'oublie les résultats les plus importants à atteindre, la raison pour laquelle nous sommes là. Et c'est le gros piège du leadership.

Lorsqu'un client qui n'est pas coach en leadership me dit qu'il n'a pas eu d'autres choix que de virer un collaborateur, je suis toujours peiné mais je comprends qu'il n'avait pas d'autres choix et surtout que je n'ai pas fini de le coacher.
Maintenant lorsqu'un collègue et associé coach me donne toutes les bonnes raisons pour lesquelles il doit se séparer d'un collaborateur, je lui dis toujours : « C'est le propre de ton métier d'amener les gens à relever le meilleur qu'il y a en eux. Débrouilles-toi pour y arriver sinon comment réussira-tu à dire à tes clients que tu peux les aider à réussir avec leurs collaborateurs ? ».

C'est un mouchoir de poche pour eux et ça l'est aussi pour moi. Heureusement, je n'ai pas mémoire d'avoir mis fin au contrat d'une personne les 10 dernières années parce que je me rappelle toujours le résultat le plus important que je dois atteindre en tant que leader : « Réussir, réussir ensemble et faire réussir les autres ». Je suis tenté de virer quand j'oublie cet objectif, mais quand je m'en souviens. Je freine habilement !

Privilégiez le résultat ! Réorientez efficacement vos ressources vers les résultats qui comptent ! Aidez- vous à vous concentrer sur vos résultats ! Ne laissez pas les évènements vous distraire de l'exigence de privilégier le résultat et manifester le leadership ! Dites au revoir aux bons alibis pour tomber bas ! Elevez votre leadership ! Soyez grand ! Montrez-vous grand ! Manifestez du leadership !

42.

PARDONNEZ LA MECHANCETE

Les leaders savent que l'ignorance est l'autre nom de la méchanceté.

A vrai dire, personnellement, je n'ai jamais été victime de la méchanceté parce que je considère que « penser qu'une personne est méchante » est une question d'appréciation. Bien sûr, lorsque je pense un instant que quelqu'un serait méchant, je me dis rapidement : « Bon, il y a certainement quelque chose qui lui échappe. Il ne sait pas qu'il est en train de faire du mal aux gens et de se faire mal lui-même ».

L'ignorance est la meilleure la plus belle cause du plaisir de faire mal aux autres. La question, c'est de savoir comment gérer la « méchanceté » lorsqu'on semble la vivre.

Un peu d'ironie fera l'affaire !

Allons-y :

- Lorsqu'une personne se réjouit de vous faire souffrir ou de fait souffrir les autres, n'essayez pas de vérifier s'il n'est pas un méchant en habit de civilisé. Il a franchi la barre du retour à la barbarie!

- Pardonnez ses bestialités ! Ensuite transformez votre coeur en un centre psychiatrique et internez-le !

- Répondez-lui avec amour et patience telle une bonne infirmière qui garde l'espoir que mêmes les psychopathes ont besoin qu'on manifeste de la bonté et du leadership à leur égard!

Sinon comment pouvons-nous garder le lead et rester leader si nous devons retourner à la méchanceté et à la sauvagerie correspondantes lorsque les gens se montrent méchants et sauvages (selon nous – au fait nous sommes tous des bons qui s'ignorent ou n'arrivent pas à être bon) ?

Nous ne pouvons pas répondre de la même manière si nous voulons faire preuve de leadership. Alors :

- Quand c'est méchant, cliquez «Pardonner»

- Quand c'est provocateur, Cliquez «Ignorer»

- Quand c'est ignorant, Cliquez «Éduquer»

- Quand c'est bas, cliquez «S'élever»

- Quand c'est inadmissible, cliquez Tolérer»

- Quand c'est choquant, cliquez «Sourire»

- Quand c'est anormal, cliquez sur «Normaliser»

Ne faites pas comme eux ! Ne leur faites pas ce qu'ils ont essayé de vous faire ! Gardez le sourire ! Laissez passer ! Gardez le lead ! Montrez-vous grand ! Soyez grand ! Elevez votre leadership ! Voyez plus grand ! Montrez l'exemple ! Manifestez du leadership ! Pratiquez le leadership gagnant !

43.

S'IMPOSER D'ACCOMPAGNER CEUX QUI NE SONT PAS AUSSI FORTS QUE SOI

L'une des chances pour lesquelles il est bon d'avoir un devancier, un mentor ou un leader, c'est d'avoir quelqu'un qui a vécu les choses ou sait mieux aborder la vie et ses défis mieux que soi. Et ceci est une opportunité pour tous les candidats au leadership car pour peu qu'ils ont réussi à relever un défi, ils peuvent s'offrir d'accompagner ceux qui ne sont pas outillés ni préparés pour les relever et devenir d'office un devancier utile, un leader ou un mentor pour eux...

Les opportunités de manifester du leadership pullulent et ce qui manque le plus, ce sont des gens capables de se dire : « Je dois pouvoir y faire quelque » et y font quelque chose effectivement et deviennent des leaders ;

J'ai coutume de dire que lorsqu'une personne dit qu'elle n'a pas d'idée pour démarrer une entreprise, c'est qu'elle ne veut pas servir et aider les autres.

1) Entreprendre, c'est identifier les défis communs, prendre à son compte l'obligation d'y trouver une solution et ensuite aller le vendre aux gens (ou le leur donner gratuitement) qui comme soi en ont besoin. Et Dieu seul sait que les entrepreneurs deviennent facilement des leaders et transformateurs juste en proposant des solutions pour lesquelles les gens sont prêts à payer.

2) Celui qui propose d'apporter de la valeur aux autres se positionne automatiquement comme un messie pour eux et va devenir l'une des meilleures personnes qu'ils auront connues et qui aura impacté leurs vies (ça c'est de l'opportunité d'être leader)

Il est impossible de ne pas pouvoir saisir l'opportunité d'être leader lorsqu'on prend à son compte l'obligation d'aider les gens qui ont besoin d'aider sur les défis qu'on a pu relever soi-même.

La dernière fois je regardais un documentaire sur les femmes dans le monde du travail et dans les affaires…J'ai été particulièrement touché par l'histoire d'une cadre de banque japonaise dont le mariage était au bord du gouffre parce qu'elle n'avait plus le temps pour son mari et qui a dû quitter son emploi.

Pour son dynamisme, elle ne pouvait pas rester tout le temps à la maison. Elle avait besoin de flexibilité mais pas de sédentarisation nuisible. Elle décida alors de suivre une formation pour devenir Coach de Mères au travail. Elle aura trouvé sa voie, elle aura trouvé son étoile…Elle va devenir leader de femmes.

Voilà comme c'est facile de devenir un leader : se proposer d'aider ceux qui ne sont pas aussi fort que soi et qui vivent les mêmes défis que ceux qu'on vit ou a vécu.

Si c'est dur ou ça été dur pour vous mais vous avez pu vous en sortir, vous avez l'opportunité de devenir leader : aider les millions de gens qui sont dans la même situation.

Ne jugez pas, saisissez la chance d'être utile ! Ne pensez pas qu'à vous, saisissez l'opportunité d'aider la multitude et devenez leur leader ! Saisissez l'opportunité de manifester du leadership et rentrez dans l'histoire ! S'imposer d'être utile, est l'une occasion en or pour devenir leader ! Soyez utile ! Faites quelque chose pour le monde ! Touchez les cœurs ! Impactez des vies ! Montrez-vous grand ! Soyez grand ! Manifestez du leadership !

44.

SAISISSEZ L'OPPORTUNITE D'ETRE UTILE

Le leadership n'a pas besoin de nomination ! Il a besoin d'actions courageuses et audacieuse et de résultats pertinents et utiles à la multitude ! Au lieu d'attendre qu'on vous nomme, prenez une situation et décidez de vous engager comme leader et l'améliorer terriblement et saisir l'opportunité d'être utile !

La différence fondamentale entre un leader et ceux qui le considèrent comme leur leader, c'est qu'il a choisi délibérément et courageusement de saisir l'opportunité de leur être utile.

La différence entre un Nelson Mandela et les autres, ce n'est pas le fait qu'il ait été en prison mais le fait qu'il ait été en prison parce qu'il a choisi délibérément et courageusement d'être utile à son peuple.

Devenir un leader, n'est pas si compliqué que ça ! Pour y arriver, il s'agit de saisir l'opportunité d'être utile à la multitude, rendre le monde, un secteur, une situation meilleur qu'il ne l'a trouvé !

Qu'il s'agisse de Churchill, de Mère Teresa, Gandhi, Martin Luther King, Steve Jobs, Jeff BEZOS, Thomas Edison, Louis Pasteur et tous ces grands hommes qui sont restés dans l'histoire et que nous citons en exemple, il n'y a qu'une seule chose qui leur a permis de rentrer dans l'histoire : L'obsession à faire quelque chose pour le rendre le monde meilleur là où les autres attendent le miracle !

Il y a tant de besoins dans nos sociétés, tant de causes sans acteurs et des opportunités sans audacieux, là où nous attendons que les autres réalisent le miracle, pourquoi ne pas en lister 5 et nous dire : « Je vais y faire quelque chose » ?

Le résultat donne du pouvoir ! Que celui qui veut le pouvoir produise du résultat, prenne une situation qui a besoin d'action audacieuse et fasse quelque chose pour l'améliorer ! Et s'il y arrive, il devient automatiquement un modèle à suivre, une référence et un leader !

Le leadership n'est pas une question de poste ni de position mais la capacité à produire des résultats exceptionnels et utiles au monde ! Si à vous l'occasion se présente, ne la ratez pas !

- Si une personne a besoin d'aide, saisissez l'opportunité d'être utile ;
- Si on vous demande pardon, manifestez du leadership, montrez-vous leader et saisissez l'opportunité de faire partir des rares qui arrivent à pardonner ;
- Si on ne vous demandez pas pardon, manifestez du leadership et saisissez l'opportunité de pardonner sans demande de pardon ; il n'y a pas beaucoup de gens qui font ça – il n'y a que les leaders qui font ça ;
- Si vous avez failli, manifestez du leadership, montrez-vous leader et saisissez l'opportunité de faire partir des rares qui arrivent à demander pardon ;
- Si on a besoin de courageux, d'audacieux et d'hommes utiles, manifestez du leadership, montrez-vous leader et saisissez l'opportunité de faire partir des rares qui arrivent à être assez courageux et audacieux pour se montrer utiles et altruistes ;

- Si tout le monde se plaint et personne n'arrive à redonner espoir, à croire et à faire rêver à nouveau, manifestez du leadership, montrez-vous leader et saisissez l'opportunité de faire partir des rares qui croient encore, qui fassent rêver et se montrent utiles !

Rendez-vous utile et devenez leader ! Faites quelque pour rendre le monde meilleur ! Prenez de l'ascendance sur le commun des mortels ! Manifestez courageusement et délibérément du leadership ! Montrez-vous Grand ! Soyez utile ! Soyez leader ! Manifestez grandement du leadership !

45.

SE CONTENTER DE L'OPPORTUNITE D'ETRE UTILE

Lorsqu'un leader attend trop de reconnaissance et ne se contente pas de l'opportunité d'être utile, il finit par avoir des attitudes qui le rende méconnaissable.

Imaginez un instant que vous avez été utile à une personne à plusieurs reprises dans sa vie mais à votre grande surprise cette personne se montre incroyablement « ingrate »

Bon, les leaders savent que personne n'est « ingrat », il n'y a que des gens qui ne nous reconnaissent pas comme le leader à qui ils doivent tout. La question est simple : « Si une personne se montre « ingrate » malgré tout ce que vous lui avez faite, est-ce que c'est en arrêtant de le faire qu'elle va se montrer reconnaissante ?

Oh, bien sûr que la plupart des gens se disent que les gens vont devenir reconnaissants s'ils les privent ! C'est possible sauf que ce n'est pas aussi efficace que lorsque vous savez vous contenter de l'opportunité d'être utile et continuez de la saisir constamment au point où le jour où votre bénéficiaire fait le point, elle se rend compte de ce « personne n'a jamais été aussi généreux, aussi bon, aussi patient, aussi indulgent envers » lui autant que vous…C'est seulement alors que vous aurez la reconnaissance.

Si vous êtes à votre poste de manager et faites tout ce que vous avez à faire pour optimiser constamment les performances mais vous n'avez pas toujours pas la reconnaissance qu'il faut, ne vous en faites ! C'est quand on se trompe pour terrasser un arbre qu'on se rend compte de ce qu'elle nous offrait de la belle ombre à midi. Contentez-vous d'être utile.

Il arrivera (s'il m'est pas déjà arrivé à plusieurs reprises) des moments dans votre vie où des gens qui se sont montrés incroyablement méprisants, ingrats ou traites envers viennent sollicitent (sans ambages) vos services. Nous savons tous la première réaction qu'on a dans une telle situation ! La vérité, c'est que c'est une occasion en or pour manifester du leadership ! En quoi faisant ? En les traitant correctement et en leur rendant utilement service comme s'il ou elle n'a jamais été méprisante, ingrate ni traite.

Au fait, dans les affaires de leadership, ce qui compte ce n'est pas ce que les autres sont, font ou ont. Ce qui compte, c'est ce que vous êtes, faites et avez et ce que vous tenez à être, faire et avoir !

Au cas vous voulez être un leader respecté, faire preuve de grandeur et constamment et avoir de l'influence durable sur les autres, saisissez constamment l'opportunité d'être utile et de manifester du leadership !

A chaque fois qu'une situation se présente ou que vous avez des sollicitations exagérées de la part des gens qui n'en ont peut-être pas le mérite, demandez-vous : « Pourquoi ne pas saisir l'opportunité pour être utile ? Pourquoi ne pas les servir et me contenter du bonheur d'être utile ? »

Soyez délibérément utile ! Contentez-vous de l'opportunité d'être utile dans c'est une opportunité et un moment de vérité du leadership ! Distinguez-vous ! Faites mieux que le commun des mortels ! Montrez-vous grand ! Manifestez du leadership !

46.

N'ESSAYEZ PAS DE PARAITRE PARFAIT. FAITES PREUVE DE CARACTERE, C'EST TOUT !

Lorsqu'un leader s'acharne à faire croire à tout le monde qu'il est parfait, impeccable et sage, il oublie de faire preuve de caractère et un jour ou l'autre, on finit par se rendre compte de ce qu'il n'a jamais été vraiment sage !

Points importants :

- La réputation d'une personne, c'est que les gens pensent qu'il est, qu'il fait et qu'il a peu importe ce qu'elle est réellement, fait réellement et fait réellement.

- Le caractère d'une personne, c'est ce qu'elle est réellement, ce qu'elle fait réellement (lorsque personne ne le voit) et ce qu'elle a réellement et qu'on saura tout ou tard.

- Les gens qui veulent paraitre sages se préoccupent de ce qu'on pense d'eux (leur réputation) ; les leaders se contentent d'améliorer ce qu'ils sont, ce qu'ils font et ce qu'ils ont et continuent de faire ce qu'ils doivent faire pour continuer de produire du résultat, n'en déplaisent à eux-mêmes, n'en déplaisent à qui que ce soit.

- Sur le court terme, une bonne réputation va vous obtenir l'honneur et l'amour des autres aussi longtemps qu'ils ne savent pas qui vous êtes réellement ; sur le long terme, le caractère va vous obtenir l'admiration, le respect et la vénération des autres – surtout quand ils se rendront compte de qui vous vous avez réellement été et ce que vous avez toujours incarné.

Même si le marketing personnel est utile au leader pour gagner les cœurs et ouvrir des portes, sur la durée, le marketing « illusionniste » et le leadership sont à des bouts opposés de l'échelle des valeurs ! Vous ne pouvez pas essayer de vous faire aimer et manifester du leadership en même temps ! Il faut un peu plus d'intégrité, de sincérité et d'authenticité pour manifester durablement du leadership !

Chaque fois que vous devez choisir entre : « Soigner votre image » et « Montrer du caractère », choisissez les deux ! Et si vous êtes contraint à être exclusif, « Montrez du caractère ». Lorsqu'ils doivent opérer des choix difficiles et surtout faire preuve de caractère, les leaders ont toujours deux équations à gérer :

JE VAIS AVOIR MAL + LES GENS AURONT MAL ET VONT ME DETESTER = SUR LA DUREE CE SERA BON POUR TOUT LE MONDE ET LES GENS VONT M'ADORER

JE NE VEUX PAS AVOIR MAL + JE NE VEUX PAS FAIRE DE MAL ET SURTOUT JE NE VEUX PAS ETRE LA RISEE DES GENS = PEU IMPORTE SI J'AI DU RESULTAT SUR LA DUREE OU NON ET VAIS ME FAIRE DETESTER A JAMAIS

C'est face à ces deux équations que le leadership doit savoir faire preuve de caractère et comprendrez ceci : « Les attachements de court terme peuvent briser nos honneurs de long terme. Il faut montrer du caractère pour se faire détester, avoir mal mais s'échiner jusqu'au bout pour produire des résultats salutaires ! Et c'est cela même , l'art de manifester du leadership pour les leader ! ».

Une seule exigence lorsque vous devez faire preuve de caractère : « Tu peux te foutre de ce que les gens pensent de toi mais pas de ce que tu fais de mal ; dans ce dernier cas, il n'y a rien qu'on appelle avoir du caractère pour mal faire ».

Faites preuve de caractère ! Pratiquez le courage d'être imparfaits et d'être décrié ! Et par dessus, montrez du caractère ! Montrez-vous grand ! Elevez votre leadership ! Prenez de la hauteur ! Visez l'excellence durable !Manifestez du leadership !

47.

DEPERSONNALISEZ LE DEBAT

En leadership, la question n'est pas de savoir si quelqu'un vous complique la vie ou non mais si vous savez gérer les situations compliquées sans vous faire du mal, sans penser faire du mal et surtout garder le sourire et vous assurer de manifester du leadership en premier et en dernier ressort !

L'obsession des leaders, c'est comment ils savent gagner les batailles de l'intérieur vers l'extérieur, continuer de s'élever pour rester au dessus de la mêlée, dominer les situations (peu importe qui est la cause de leurs ennuis), réussir à se tirer d'affaires et surtout REUSSIR AVEC LES AUTRES MALGRE LES AUTRES.

La dernière fois je parlais des succès passés en matière de musique béninoise avec un cinquantenaire béninois. C'est alors qu'il évoqua le cas d'un artiste béninois : « Il était très bon mais ils l'ont tué ». Je lui ai demandé : « Ils l'ont tué ou il est mort ? ». Il lui ai donc demandé : « Ils ont retrouvé l'assassin ? A-t-il été jugé ? ». Il sourit et me dit : « C'est une façon de parler ! Tu sais, chez nous, quand une personne décède alors qu'elle est en pleine ascension dans sa carrière, on dit que souvent qu'il a été tué ».

Et c'est vrai en plus ! Lorsqu'une situation tragique se produit, il y a toujours et forcément une personne à la base. La bonne nouvelle, c'est que lorsque les Whitney Houston, Elvis Presley, Bob Marley ou Amy Winehouse se font tuer eux-mêmes par surdose de drogue, on résume juste : « Quelle perte ! Quel gâchis ! ».

Et c'est là que c'est intéressant !

- Lorsqu'une situation tragique se produit, ce n'est pas une question de personne mais de processus ! Il y a des processus qui conduisent inéluctablement à des résultats donnés. Lorsqu'on ne les emprunte pas ou qu'on les démantèle, le résultat est différent !

  Par exemple Britney Spears aurait pu connaître le même sort mais dans son cas, elle a rompu le processus en suivant avec succès une cure de désintoxication et en assainissant un temps soit peu sa vie.

- Et lorsqu'une situation est due à une personne, ce n'est pas une question d'action mais de réaction car quel que soit ce que les autres ont pu faire (ACTION), nous avons toujours la possibilité de réagir autrement (REACTION).

Voilà la clé, réussir à dépersonnaliser le débat pour ne pas en faire une affaire de personne mais de PROCESSUS et si c'est une affaire de personne en faire une affaire de REACTION et de LEADERSHIP.

Lorsque vous dites : « Tu n'as pas vu ce qu'il m'a fait ? » on aurait bien pu vous demander : « Tu n'aurais pas pu réagir autrement ? ». REAGIR autrement MALGRE LES AUTRES...AGIR en leader et changer le cours des choses ne pas être victime des PROCESSUS et SORTS classiques ! Voilà bien d'exploit qu'on peut réaliser lorsqu'on arrête de chercher des boucs-émissaires et des fautifs extérieurs ou d'être fatalistes et défaitistes...

Embrassez le leadership ! Dépersonnalisez le débat ! Jouez votre partition pour maitriser les processus et les tourner à votre avantage ! Réagissez en leader ! Obtenez des résultats de Leader ! Obtenez des résultats meilleurs ! Montrez-vous grand ! Montrez-vous leader ! Manifestez du leadership !

48.

METTEZ FIN A LA DEFENSIVE

Donner raison à l'autre peut vous rendre bête et vous fait perdre de l'argent. La bonne nouvelle, c'est qu'il peut vous faire gagner du temps, de l'argent et de l'énergie ! C'est pour cela que les leaders stratèges savent laisser couler, laisser passer et parfois laisser faire juste pour une seule chose : « Gagner du temps, de l'argent et de l'énergie ».

Le tribunal peut vous rapporter l'argent perdu mais pas le temps perdu. Pendant ce temps, avoir joué à la victime plutôt qu'au leader, avoir été sur la défensive plutôt que d'assumer et passer à autre chose vous aura fait perdre beaucoup de temps et beaucoup d'argent ! Quand on est un leader stratège, on sait choisir rapidement !

Franchement :

- Entre « argumenter et essayer de convaincre une personne » et lui « donner raison », qu'est-ce qu'il fait gagner plus de temps ?

- Entre « donner raison à une personne et prendre le temps de produire des résultats qui vous donnent raison » et « passer votre temps à vous défendre et oublier d'aller produire du résultat », qu'est-ce qui vous est plus bénéfique ?

- Entre « utiliser votre temps à trouver des solutions » et « utiliser votre temps à chercher des fautifs », qu'est-ce qui vous fait gagner plus de temps ?

- Entre « Féliciter et supporter » et « Critiquer et affronter », qu'est-ce qui vous fait dépenser plus d'énergie et d'efforts ?

La défensive n'est pas rentable ! Même au tribunal, on obtient plus facilement la clémence des juges en « plaidant coupable » ! Et quand vous plaidez coupable, votre travail est terminé ! C'est au juge de s'assurer qu'il n'est pas en train de se faire avoir !

En leadership, « plaider coupable pour gagner du temps » s'appelle « ASSUMER ». Et lorsque vous savez assumer alors que c'est l'autre qui a déconné, vous devez redoutable ! Vous êtes serein et lui il tremble tout le reste de sa vie en pensant toute sa vie que vous allez revenir sur l'affaire ! Vous n'avez pas du temps pour ça ! N'est-ce pas ? Le temps du leadership doit être consacré à la manifestation du leadership !

Quittez la défensive ! Récupérez votre énergie et votre temps ! Economisez les « frais d'avocats » ! Elevez le débat ! Concentrez-vous sur la construction ! Montrez-vous grand ! Montrez-vous leader ! Manifestez du leadership !

49.

RESUMER LE FOND DE L'AFFAIRE

Au lieu de vouloir faire étalage des ratés, des failles, des aberrations et des injustices dans une affaire, les leaders préfèrent résumer le fond de l'affaire et se demandent : « Que faire sachant les faits ? »

- Imaginons un instant que la dernière personne que vous pensiez ne pas vous trahir, vous trahit ! Quel est le fond de l'affaire ? : « Vous êtes encore assez naïf pour penser qu'il y a des gens qui n'auront jamais de bonnes raisons de vous trahir ! Le défi ce n'est le traite ! Des traites, vous en rencontrerez d'autres ! Le fond de l'affaire, c'est votre naïveté quant à l'idée que XYZ ne vous trahira jamais - pour faire simple !

- Imaginons un instant que vous êtes sûr qu'un de vos collaborateurs va pouvoir accomplir une mission sans faille et il passe à côté de la plaque ! Quel est le fond de l'affaire ? : Il y a encore des situations qu'il ne peut pas gérer sans faille ! Votre travail de coach ou de mentor n'est certainement pas encore terminé ! Pourquoi lui en vouloir ? Faites votre travail jusqu'au bout et l'affaire sera close !

- Imaginez un instant que vous n'avez pas pu répondre aux attentes d'un client mais espérez pouvoir compter sur sa patience et il se montre dangereusement intraitable et vous êtes agacé ! Quel est le fond de l'affaire ? : « Vous n'avez pas été à la hauteur ! Arrangez-vous pour faire ce que vous devez lui faire et l'affaire est close ! Pourquoi allez-vous lui reprocher de ne pas être assez patient et incompréhensible ? Est-il obligé ?

- Imaginons un instant que vous pensez avoir présenté un dossier solide à votre banquier et qu'il vous dit qu'il ne nous trouve pas votre affaire assez intéressante et qu'il a des doutes sur sa pérennité ! Pourquoi lui en vouloir ? Demandez-vous le fond de l'affaire et la réponse serait certainement : « Vous n'avez pas réussi à le convaincre ». Trouvez un moyen de le convaincre ou de convaincre une autre personne et l'affaire sera close !

- Imaginons un instant que vous essayez de séduire une « belle demoiselle » et qu'elle vous fait entendre clairement que vous ne remplissez pas suffisamment le critère « A3V » (Argent + Voiture + Villa + Vacances). Pourquoi allez-vous penser qu'elle est trop matérialiste ? Résumez le fond de l'affaire : « Vous n'en avez pas à offrir » et l'affaire est close ! Si vous en avez offrez ce que vous avez à offrir et l'affaire est close également !

- Imaginez un instant qu'un partenaire ou un interlocuteur veut abuser de votre position de faiblesse dans une affaire sachant que vous avez besoin de lui. Pourquoi allez-vous penser qu'il est véreux et injuste ? Résumez le fond de l'affaire : « C'est moi qui ai besoin de lui », faites les concessions à faire et l'affaire est close !

Pour passer rapidement à autre chose et retrouver la fluidité dans votre élan, avancer tranquillement et ne pas trop perdre de l'énergie, résumez le fond de l'affaire et faites ce que vous avez à faire au lieu de vouloir étaler comment vous vous sentez et tout ce que vous pensez de l'attitude des autres !

Le défi, ce n'est pas eux ! L'affaire doit être réglée ou compliquée ! Tout dépend du temps, de l'argent et de l'énergie que vous avez à perdre ! Résumez le fond de l'affaire, faites ce que vous à faire et avancez !

Demandez-vous à chaque fois ce que vous voulez ! Sachez ce que vous voulez ! Sachez ce que vous avez à faire pour l'obtenir ! Pour le reste, sentez-vous bien et contentez-vous de ce que vous vouliez obtenir ! Prenez de la hauteur ! A l'essentiel ! Soyez grand ! Montrez-vous grand ! Manifestez du leadership !

50.

SE DIRE LA VERITE

Les faits sont difficiles mais ce sont les faits. La vérité est difficile mais c'est la vérité. Et la seule façon de pouvoir se tirer d'affaires, c'est de se dire la vérité !

- Si tout le monde pense que vous avez toujours la possibilité de voyager en classe affaires et d'offrir des vacances chaque année à Paris alors que vous savez que vous n'en êtes plus vraiment capable, acceptez-le ! Dites-vous la vérité ! Acceptez les faits ! Vous n'avez pas besoin de capituler mais vous avez au moins besoin de faire quelques réajustements drastiques !

- Si vos stratégies ont vraiment montré leurs limites et qu'il y a deux ou trois personnes qui ont plus de pertinences et que vous avez besoin d'écouter et de solliciter pour retrouver du poil de la bête et avoir à nouveau du résultat. Ne vous en faites pas pour votre EGO ! Dites-vous la vérité ! Acceptez les faits ! Vous n'avez pas besoin de capituler mais vous avez besoin de l'aide ! Demandez de l'aide !

- S'il est temps de passer la main à une autre personne et que vous voulez montrer que vous êtes indispensable et que vous voulez montrer que c'est vous qui avez tout fait, vous allez finir par sortir par la petite porte en ne sachant pas « quitter les choses avant qu'elles ne vous quittent ». Acceptez-les ! Abhorrez vos habits de sages mentors ! Prenez du recul ! Lâchez prise et soyez passivement et stratégiquement utile ! C'est tout aussi un beau rôle de leader !

Lorsqu'on a peur de perdre la face parce qu'on a peur de voir la vérité en face, on n'apparaît pas comme un leader ! On apparaît comme une personne qui a vraiment perdu le contrôle des choses ET dont il faut trouver les moyens de se débarrasser avant que cela ne soit trop tard (Mugabe le sait). Vivez les faits mêmes si les faits sont plus faibles que le leader ! Voyez les faits en face, vous pouvez revenir plus fort !

Demandez-vous ce que vous pouvez potentiellement ! Demandez-vous ce que vous pouvez là tout de suite ! Voyez les faits ! Intégrez les faits ! Soyez factuels et même si ça va être dur , dites-vous la vérité et ajustez-vous sans capituler ! Montrez-vous humble, ça ne vous fera pas perdre la tête ! Remontez ensuite pour vous élever ! Lâchez prise, laissez couler ! Quoi qu'il en soit , prenez de la hauteur ET MANIFESTEZ stratégiquement du leadership !

51.

MARIEZ-VOUS AVEC LA FLEXIBILITE. ELLE EST PLUS FLUIDE

Lorsqu'on lui présente l'arrogance, la stratégie préfère toujours se marier avec la flexibilité car elle la rend plus fluide, plus belle et plus efficace.

Pourquoi il faut être plus fluide pour faire un bon stratège ?

- Parce qu'à force de vouloir démontrer de la force par la rigidité on emprunte très rapidement les sentiers de la caducité.

- Parce que lorsqu'on préfère ce qu'on conçoit et ce qu'on fait aux résultats auxquels ils conduisent, c'est qu'on a perdu la cloche de la stratégie pour embrasser la « stupidité ».

- Et parce que justement, c'est « stupide de faire à chaque fois la même chose et espérer des résultats différents » (EINSTEIN) ;

Qu'est-ce qu'ils disent souvent les gens qui veulent montrer du caractère et se montrer « fermes » ?

- On s'en tient au plan ; on fait tel qu'on a dit. Si ça ne marche pas, on en tirera les enseignements !

- Je ne ravale pas mes vomissures. J'ai dit NON donc c'est NON !

- Lui jamais ! Je demanderai à tout le monde sauf lui, je ne vais pas tomber aussi bas. Je préfère encore périr.

Et effectivement, ils finissent par faire périr tout le monde et périssent eux-aussi ! Et on appelle cela de la sagesse ou du caractère ou du charisme ! Voyons ! Des phrases pareilles ne sont pas compatibles avec le caractère ni le charisme ! Leur meilleur binôme s'appelle « L'EGO » et peu de choses peuvent devenir aussi cancérigène pour le leadership que L'EGO.

- Lorsqu'un leader est égoïste, il refuse la flexibilité et fait couler tout le monde quitte à couler lui-même.
- Lorsqu'un leader est égoïste, il refuse l'humilité soit disant que c'est de l'humiliation mais en définitive, il se fait humilier par son triste sort ! (Je n'ai pas encore dit le nom de quelqu'un) !
- Lorsqu'un leader est égoïste, il s'accroche à une corde qui se casse quand bien même on lui propose de changer de branche !

Changez de plan ! Soyez flexible ! Oubliez tout ce que vous vous échinez à faire croire à tout le monde que vous êtes, que vous avez ou que vous pouvez alors que vous n'en êtes plus capable depuis bien longtemps ! Voyez les objectifs ! Regardez aux enjeux ! Changez de cap ! Soyez courageux et obtenez du résultat ! Manifestez du leadership !

52.

TOUJOURS AVOIR UNE REACTION ET UNE ATTITUDE DE LEADER

La question n'est pas de savoir si ce qui se passe est anormal ou normal. La question est de savoir si vous pouvez vous permettre d'avoir une réaction normale comme le commun des mortels alors que vous devez vous montrer leadership !

Lorsqu'un leader avéré ou potentiel se permet d'avoir une réaction typiquement comparable à celle du commun des mortels face aux choses anormales, il n'y a que lui qui pense que c'est normal !

Lorsque les gens ont peur que le leader que nous sommes fasse toute une scène s'ils ne font pas les choses comme cela se doit, il n'y a que nous seuls qui pensons que cela est normal ET que c'est le signe qu'ils nous craignent ! Un leader ne peut pas être aussi prévisible ! Serions-nous un chien qu'on a si tant peur d'approcher ? Seuls les fous sont attendus pour avoir des réactions de fous ! NON ?

Lorsque tout le monde est aux aboies et que vous êtes également aux aboies et venez demander : « Tu n'as pas appris ce qui s'est passé ? », c'est la réaction que le commun des mortels peut se permettre d'avoir ! Vous n'êtes pas attendus pour réagir ainsi vous aussi !

- Pourquoi devrait-on nous consulter pour savoir ce que nous en pensons si ce n'est pas qu'on s'attend à ce que nous ayons un son de cloche meilleur que celui du commun des mortels ?

- Pourquoi devrait-on venir nous voir pour nous demander « Que faire ? » si ce n'est pas qu'on peut espérer qu'en venant nous voir, nous allons aider à aboutir à une solution qui conduise des solutions meilleures ?

- Pourquoi devrait-on venir nous voir lorsqu'on est ému et affolé si ce que nous allons dire la façon dont nous allons réagir ne va que faire augmenter le niveau d'émotion et d'affolement ?

Le leader ne peut pas parler comme tout le monde. Le leader ne peut pas réagir comme tout le monde. Le leader ne peut fonctionner comme tout le monde ! Le leader ne peut pas se comporter comme tout le monde ! Le leader ne peut pas se sentir comme tout le monde se sent sinon qui va les réorienter s'ils perdent pieds !

Restez sobre et accessible ! Soyez présent et disponible ! Soyez assez profond et percutant pour à chaque fois vous élever à la dimension supérieure ! Proposez des options supérieures ! Inspirez des attitudes supérieures pour faire aboutir à des résultats supérieurs ! C'est cela même la touche du leadership, la marque de l'excellence recherchée et attendue des leaders ! Prenez de la hauteur ! Montrez-vous grand ! Montrez-vous leader ! Manifestez du leadership !

53.

L'ARGENT PEUT RENDRE LES GENS PETITS. ET VOUS ?

L'argent est un vrai réactif et il peut rapidement affecter et infecter notre capacité à manifester du leadership. Challengez l'impact qu'il peut avoir sur vous.

Personnellement, les seules fois et les seules situations dans lesquelles les gens peuvent vous dire qu'ils ne peuvent pas dire que je suis impeccable et irréprochable, ce sont les situations où l'argent est en jeu. Non pas parce que je serai cupide ni que je veuille me tailler la part de lion mais parce qu'en la matière, je suis tellement et si souvent optimiste que je prends des engagements que je n'arrive pas à honorer ou ne fais rien pour honorer.

Le management de l'argent aura été pendant longtemps mon « talon d'Achille ». J'ai fait du progrès à ce sujet mais mon leadership continue d'être challengé à cet effet et je sais que le jour où je me ferai propre dans la gestion efficace de mes rapports liés à l'argent, tout le monde dira que je suis le plus grand leader qu'il ai jamais connu. Car la vérité, c'est qu'il y a bien de gens qui m'aiment bien mais qui ont des dents contre moi parce que nos « affaires d'argent » ne sont pas bien conclues ! Oui l'argent peut voler la crédibilité d'un leader s'il ne sait pas s'y prendre !

Pourquoi lorsqu'une personne entre dans un distributeur automatique de banque (DAB/GAD), il a l'air effacé et humble et que lorsqu'il sort avec les billets sa physiologie et son attitude change automatiquement ? Parce qu'il y a une réaction chimique terrible qui s'est produite avec des impacts directs sur son attitude ! L'argent a plus d'impact et d'influence sur nous que nous ne pouvons l'imaginer et il a une forte capacité de nuisance pour notre leadership lorsque nous ne mettons aucun bouclier en place.

Quelques points de challenges !

- A quel point mon attitude change entre le moment où l'argent n'est pas en jeu et le moment où il entre en jeu ?
- A quel point l'argent est-il capable de faire changer mes avis et mes attachements à mes valeurs ?
- Peut-on toujours compter sur moi pour être juste, équitable et généreux avec les autres lorsque nous devons partager de l'argent ?
- A quel point je suis détaché par rapport aux possessions matérielles et réussis à faire passer l'exigence de manifestation de leadership avant tout autre facteur ?
- L'argent est-il un déterminant de mon leadership ou un outil que j'utilise pour manifester du leadership ?
- A quel point je suis capable de continuer de garder du sourire et de manifester le leadership lorsque mon argent est dangereux compromis ou risque d'être compromis dans une relation ?

L'argent peut rendre les gens petits et les amener à infecter et détruire des relations ; seuls les leaders savent prendre de la hauteur pour se rappeler que l'argent est la conséquence des résultats intéressants produits du fait de la qualité des relations et font tout pour privilégier les relations même lorsque l'argent est dangereusement en jeu !

Prenez de la hauteur ! Conservez le lead ! Gouvernez-vous à partir de l'intérieur ! Managez l'argent ! Dominez l'argent ! Et pardessus tout, assurez-vous de manifester du leadership quoi qu'il en soit ! Prenez de la hauteur ! Montrez-vous grand ! Montrez-vous leader ! Manifestez du leadership !

54.

SACHEZ QUE LE POUVOIR MONTE A LA TETE D'UNE MULTITUDE DE GENS

Le pouvoir est l'opportunité de manifester du leadership et de faire des choses qui nous fassent entrer dans l'histoire. Lorsque nous pensons qu'il est une destination, nous oublions de l'utiliser de devenir des leaders.

Nous avons souvent trop tôt pensé que si nous avons le pouvoir nous serons des leaders alors que le leadership n'a pas besoin qu'on ait une position ni qu'on ait des pouvoirs particuliers. C'est lorsqu'on utilise efficacement l'opportunité de diriger pour manifester du leadership et atteindre des objectifs exceptionnels avec les gens qu'on devient un grand leader.

La question, c'est : « *A quel point nous utilisons l'opportunité de diriger pour devenir une meilleure personne ou nous laissons piéger par la tentation d'utiliser le pouvoir pour dérailler de nos idéaux (pour ceux qui en ont) ?* »

- Le pouvoir est une opportunité pour servir. Si vous l'utilisez intelligemment pour vous mettre au service de ceux que vous dirigez, ils vous porteront à une dimension supérieure.
- Le pouvoir est une opportunité pour élever les autres. Si nous l'utilisons pour permettre à davantage de personnes de passer à un niveau supérieur, notre niveau personnel se trouve élevé par la même occasion.

- Le pouvoir est une opportunité pour produire du résultat. Si nous l'utilisons pour produire des niveaux de résultats supérieurs, notre leadership passera par la même occasion à un niveau supérieur
- Le pouvoir est l'opportunité de rentrer dans l'histoire. Si nous l'utilisons pour faire des gens et avoir des attitudes qui marquent positivement les gens et l'histoire, nous allons rentrer positivement dans l'histoire.
- Le pouvoir est l'opportunité de nous rappeler que les gens comptent sur nous et que nous devons nous montrer à la hauteur pour qu'ils poussent vers de plus grandes hauteurs. Si nous l'utilisons pour nous montrer à la hauteur, nous continuerons d'être en hauteur !

Ceci dit, le pouvoir peut nous faire oublier qui nous sommes, d'où nous venons et où nous allons. Il peut nous faire oublier nos idéaux, nos promesses envers nous-mêmes, nos convictions et notre détermination préalable à rendre service à l'humanité. Challengez-vous et assurez-vous de ce que le pouvoir ne siphonne rien de ce que vous tenez pour déterminant pour l'élévation de votre leadership.

Soyez plus grand que vos pouvoirs ! Montrez-vous à la hauteur de l'opportunité de diriger ! Montrez-vous utile ! Servez pour être servi ! Elevez pour être élevé ! Elevez constamment votre leadership ! Manifestez du leadership au quotidien !

55.

LE BUT DU JEU : FAIRE LA DIFFERENCE DANS L'ATTITUDE

La valeur du leadership n'est pas dans le rang hiérarchique. Elle est dans la qualité de l'attitude et des résultats. Et s'il y a une seule raison pour laquelle nous devons continuer de travailler notre leadership et de l'élever constamment, c'est parce qu'il y a qu'une seule chose qui est attendue des gens qui tiennent à se montrer leader quoi qu'il en soit : montrer qu'ils peuvent avoir une attitude meilleure que le commun des mortels.

J'apprécie particulièrement les moments où tout le monde est unanime qu'ils faillent déconner, faire comme les autres avec toutes les raisons pour se dire qu'on n'a pas d'autres choix que de faire comme le commun des mortels.

C'est une occasion exceptionnelle que j'adore exploiter NON pas parce que je me réjouis de voir que les autres ne sont pas à la hauteur et ne peuvent pas manifester du leadership. Au contraire, je me dis : « Le fait que tout le monde est unanime pour dire que ce n'est pas la peine de manifester du leadership est le signe qu'il faut quelqu'un fasse la différence »

Pourquoi nous nous donnons de lire un livre sur le leadership, suivre des programmes de coaching pour optimiser son leadership, participer à des formations, suivre des vidéos et audio à cet effet ?

Il est question de se programmer, de se formater et de reformater, de s'aiguiser et de se préparer de sorte qu'une fois l'opportunité de manifester du leadership se présentera et que tout le monde sera unanime qu'il faut faire moins que ce qu'un leader doit faire, nous puissions véritablement marquer la différence et sauver l'honneur du leadership !

Continuez de vous apprêter ! Continuez de vous aiguiser ! Pensez leadership ! Assumez le leadership ! Et quand l'opportunité se présentera de manifester du leadership, saisissez le moment ! Utilisez le moment ! Faites la différence ! Montrez-vous grand ! Montrez-vous leader ! Manifestez du leadership !

56.

MONTEZ EN REGIME LORSQUE VOUS ETES DEFIES

Les gens qui viennent nous challenger ne nous envoie qu'un seul signal : « Si tu ne montes pas régime, si tu n'élèves pas ton niveau de leadership, je vais montrer à tout le monde que tu n'es pas un leader ».

Beau jeu le leadership ! Voyez-vous ?

- Une personne décide de vous bouder et de ne plus répondre à vos appels, à vos emails, à vos sollicitations et semble vous ignorer totalement. Que pensez-vous qu'il est en train de faire ? Il est en train de challenger votre leadership pour voir à quel point vous êtes capable de manifester du leadership.

    Montez en régime et élevez votre leadership ! Faites quelque chose de grand que personne ne ferait jamais et montrez-lui que vous êtes un grand leader : Envoyez-lui des fleurs ! Saluez-le chaleureusement et augmentez la dose de votre charme à son égard ! Soyez plus généreux que jamais avec lui ! Servez ses intérêts plus que jamais.

    Vous savez ce que le commun des mortels ferait ? Ils vont le bouder à leur tour et l'ignorer carrément ! Vous ne ferez pas la même chose non ?

- Vous avez appris qu'une personne parle mal derrière vous et vous met les bâtons dans les roues. Il a fini par savoir que vous savez qu'il vous torpille. Il poursuit son jeu dans le but de vous challenger encore davantage ! C'est un test de leadership ! Montez en régime !

Continuez de le traiter de la meilleure manière possible ! Elevez votre niveau et montrez-lui que vous n'allez pas le traiter en fonction de ce qu'il vous fait comme le commun des mortels.

- Un collaborateur décide de vous défier et de vous pousser dans vos derniers retranchements avec ses attitudes rebelles et inacceptables ! Quelle est la première tentation que vous avez ? Sortir la grosse artillerie et lui montrer que c'est vous le boss ?

C'est trop classique ! Montez en régime et exprimez une attitude plus mature et d'un niveau plus élevé ! Donnez-lui raison ! Continuez de l'associer aux grands projets ! Continuez de lui envoyer des emails et de le solliciter ! Continuez de le traiter correctement ! Voyez en lui un enfant à aider et à élever à un niveau supérieur en lui montrant le bel exemple de leadership plutôt qu'un ennemi à abattre ! Ne tombez pas dans le piège de l'envie de passer aux représailles.

Montrez-vous meilleur ! Ne vous laissez pas distraire ! Restez leader ! Montez en régime si vous êtes challengé ! Elevez votre leadership ! Continuez de manifester du leadership !

57.

POSEZ CONSTAMMENT LA QUESTION QUI SAUVE LE LEADERSHIP

A plusieurs reprises des situations vont se présenter et feront appel à la manifestation courageuse de votre leadership. Vous serez tenté par toutes sortes de réactions, d'attitude et de comportement.

Soyez prévoyant ! Et préparez votre arsenal de manifestation du leadership pour ne pas vous faire avoir ! Comme vous le savez, il est plus facile de ne pas manifester du leadership que se s'obliger à le faire !

La plupart du temps, lorsque nous finissons par faire des choses qui sont d'un niveau d'honorabilité et de dignité moindre que ce qui est digne de notre rang, c'est que nous oublions d'agir et de réagir tel que nous aurions agi et réagi si tout était normal !

- Lorsque les gens sont incorrects, nous sommes tentés d'être incorrects. Puisqu'en général, nous ne nous obligeons à être correct qu'avec les gens qui sont corrects.

    Mais si nous voulons devenir leader, manifester constamment du leadership et rester leader, nous devons nous demander : « ***Est-ce qu'en temps normal, je me serais permis de faire autre chose que d'être correct ?*** ». Sinon, je dois m'obliger à être correct !

- Lorsqu'une personne répète à chaque fois les mêmes erreurs et les mêmes manquements, nous sommes tentés comme tout le monde pour dire qu'il a dépassé le niveau de tolérance et que nous sommes obligés de passer à la sanction.

Mais si nous voulons devenir leader, manifester constamment du leadership et rester leader, nous devons nous demander : « *Est-ce qu'en temps normal, je me serais permis de faire autre chose que d'être patient et de l'aider à s'améliorer ?* ». Sinon, je dois m'obliger à être patient et m'imposer de l'aider à s'améliorer !

- Lorsqu'une personne nous pousse à bout et dans nos derniers retranchements, nous finissons par trouver que c'est normal de perdre patience et de dégainer.

  Mais si nous voulons devenir leader, manifester constamment du leadership et rester leader, nous devons nous demandez : « ***En temps normal, s'il ne m'avait pas poussé à bout autant que ça, est-ce que je me serais permis de faire autre chose que de respirer, de décontaminer à l'intérieur de moi-même, de prendre de la hauteur et manifester du leadership ?*** ». Sinon, je dois m'obliger à respirer, de décontaminer à l'intérieur de moi-même, à prendre de la hauteur et à manifester du leadership.

Lorsque vous êtes en face d'une tentation, vérifiez si vous n'êtes contaminé et emporté par la situation de pression que vous avez en face, demandez-vous : « *Est-ce qu'en temps normal j'aurais eu une telle réaction?* »

Toutes les situations hors normes sont de bonnes excuses pour ne pas manifester du leadership ! Mais pour devenir un leader hors norme, il faut utiliser les situations hors normes comme échelle pour prendre de la hauteur, gagner en maturité et élever son leadership.

Obligez-vous à l'excellence en leadership ! Imposez d'avoir des réactions devant des situations hors normes ! Faites plus que le commun des mortels ! Faites plus que ce qui est acceptable ! Montrez-vous honorable ! Manifestez du leadership quoi qu'il en soit ! Montrez-vous grand ! Soyez grand ! Prenez de la hauteur ! Manifestez du leadershi

58.

NE LAISSEZ PAS LA DIFFICULTE VOUS POUSSER À ETRE MOINS QU'UN LEADER

Ceux qui s'obligent à manifester du leadership utilisent la difficulté comme une opportunité de s'élever et de s'efforcer de manifester du leadership ! Ceux ne veulent pas s'obliger à manifester du leadership utilisent la difficulté et la complexités comme bonne excuse pour se dire : « A l'impossible nul n'est tenu !».

Mais les leaders qui finissent par obtenir le respect, l'admiration et le crédit s'imposent quelques exigences complémentaires :

- On n'a pas besoin de leader ni de leadership. C'est lorsque c'est difficile et complexe qu'on fait appel aux leaders pour remettre les choses dans la bonne direction.

- Lorsqu'on tient à obtenir un résultat, on finit toujours par l'obtenir. Lorsqu'on ne tient pas à obtenir un résultat, on trouve des excuses et on s'arrête ;

- Tout le monde peut se permettre de partir et de revenir et dire : « Les choses n'ont pas été faciles, nous avons pu faire ce que nous avons pu mais nous n'avons pas eu gain de cause cette fois-ci ». Le leader doit s'imposer de revenir et dire : « *Ca n'a pas été facile mais nous avons pu atteindre les objectifs malgré* ».

- Réussir à manifester du leadership est une affaire personnelle. L'excellence est une affaire personnelle. Si je sais m'obliger à être excellent quoi qu'il en soit, je finirai par produire des résultats qui inspirent respect, administration et adhésion.

- C'est lorsque c'est difficile qu'on sait qui est le leader. Pour me montrer leader, je dois rester dans la bataille jusqu'à finir par triompher. Je ne peux pas me contenter des excuses pour ne pas me montrer leader !

- La difficulté est un test du leadership et du niveau de leadership ! Au lieu de la fuir ou de l'utiliser comme excuse pour ne pas manifester du leadership, je dois en profiter pour faire entendre à qui doit l'entendre le nom par lequel je réponds désormais.

L'opportunité de manifester du leadership n'est pas une option, c'est un moment de vérité qui fait clairement la différence entre les leaders circonstanciels et les hommes d'honneur qui considèrent à chaque fois qu'ils n'auront pas d'autres opportunités de manifester du leadership que chaque opportunité qu'ils ont devant eux.

Montrez-vous honorable ! Faites plus que le commun des mortels ! Tuez les excuses ! Utilisez la difficulté comme opportunité, domptez-la et manifestez constamment du leadership ! Montrez-vous grand ! Soyez grand ! Prenez de la hauteur ! Manifestez du leadership !

59.

DEPASSEZ LE MINIMUM MANAGERIAL

Lorsqu'il est question de manifester du leadership, nous avons toutes les excuses pour ne pas aller au bout des efforts managériaux. Nous faisons des oppositions de styles et de culture pour finir par trouver toutes les bonnes raisons pour ne pas faire tout ce que nous devons faire pour atteindre l'efficacité managériale total durable.

Et l'une des façons que nous avons le plus, c'est de trouver toutes les raisons pour ne pas devoir faire tout le travail nécessaire et montrer vraiment que nous sommes un leader et que nous voulons réussir, faire réussir les autres, faire réussir notre organisation et gagner avec eux.

L'attente la plus illusoire qu'un manager puisse avoir, c'est de s'attendre à ce que ses collaborateurs soient prêts à l'emploi, parfaitement intégrés et professionnellement responsables au point où il n'ait plus besoin de faire aucun travail d'ajustement et d'optimisation constante des systèmes, de la vision, des hommes, de la collaboration et des autres conditions d'excellence et de performance.

Et la vérité, c'est que nous sommes nombreux à vouloir réduire le travail de bâtisseurs que nous devons faire en tant que leader à une simple administration de ressources et des tâches : Savoir ce que nous devons faire, planifier, repartir entre les hommes et suivre...On appelle cela le minimum managérial !

- Imaginons un consultant interne qui est envoyé dans la filiale d'une multinationale pour les aider à réduire leurs coûts de 52%. Il dit que son objectif est clair et qu'il n'est pas là pour avoir des rapports particuliers avec les autres...Il est victime de la paresse managériale – surtout qu'il est frustré de voir que sa mission n'est pas aussi facile qu'il l'aurait aimé. Il doit procéder à un dépassement de fonction et s'obliger à faire plus que le minimum managérial !

- Imaginons un directeur de projet IT qui dit que les délais sont tellement serrés que lui il n'a pas le temps de former et que chacun n'a qu'à faire son travail. Il est victime de la paresse managériale ; il a la trouille de devoir s'arrêter et former ses collaborateurs et les coacher pour généraliser l'excellence et la performance. Il doit procéder à un dépassement de fonction et s'obliger à faire plus que le minimum managérial !

- Imaginons un père de famille dont l'enfant est devenu tellement récalcitrant qu'il en vient à se dire que lui il est fatigué et ne lui parle plus ou soit disant le « déshérite ». Il est victime de la paresse managériale. Elever et éduquer un enfant lui causent trop de douleur et visiblement, il préfère fuir et trouver son bel alibi. Il doit procéder à un dépassement de fonction et s'obliger à faire plus que le minimum managérial !

Soit vous êtes un manager qui veut du résultat intégral et accéléré ou vous vous refugiez dans les bons alibis pour ne pas faire le travail que vous avez à faire ! Le manager est un régleur de situation (un mécanicien de la performance humaine), un optimisateur de condition d'excellence, un catalyseur de la performance....Il doit aller au bout de son travail. Il doit faire tout son travail.

Optimisez votre courage managérial ! Faites tout votre travail ! Faites votre travail jusqu'au bout ! Echappez à la lâcheté managériale ! Manifestez du leadership jusqu'au bout ! Faites quelque chose de différent ! Faites quelque chose de meilleur ! Dépassez le minimum managérial ! Montrez-vous grand ! Montrez-vous leader ! Manifestez du leadership !

60.

ARRETEZ DE VOULOIR ETRE LE LEADER. METTEZ-VOUS A MANIFESTER DU LEADERSHIP

La meilleure façon d'optimiser ses chances de finir par mériter le titre de leader, c'est d'arrêter de vouloir s'imposer comme le leader. C'est simple, si vous voulez devenir le leader de référence, ne forcez pas le leadership. Faites des choses simples qui finissent par vous imposer comme le leader.

Les moments où nous ratons plus l'opportunité d'être le leader, c'est lorsque nous voulons tellement montrer que c'est nous qui sommes le leader ou que nous devons avoir la place de leader que nous oublions de manifester du leadership.

- Six (6) amis ont une idée extraordinaire d'entreprise avec un concept qui va leur permettre de créer le prochain FACEBOOK ou encore le AMAZON de leur secteur. Au lieu de se concentrer pour savoir comment ils vont structurer et optimiser le business pour en faire un business leader, ils ont passé leur temps à vouloir savoir qui aura quelle part dans le business au point où ils n'ont jamais démarré.

- Un motivateur coach vouloir devenir le plus grand coach et le plus grand motivateur de tous les temps de sa région. Au lieu de se mettre à faire des choses pour coacher et motiver le maximum de gens, impacter et transformer des vies, il préfère critiquer les coaches qui ne feraient pas bien leur travail et passe son temps à dire que c'est lui le meilleur coach sans jamais s'arrêter pour s'occuper à transformer et à coacher véritablement !

- Un homme voulait devenir l'élu du cœur de la plus belle fille de son quartier. Pendant qu'un autre homme plus discret s'assurait de poser des actes concrets pour gagner le cœur de la fille, notre homme passait quant à lui son temps à dire combien il arrive à charmer la fille…A sa grande surprise, la fille s'est mariée 10 mois plus tard avec l'homme aux actions concrètes.

- Un homme voulait devenir le député de sa région. Pendant que son challenger s'assurait de se rendre dans sa circonscription tous les weekends et se rend disponible pour pratiquement chaque membre de la population et est à leur écoute constante, notre homme passait son temps sur les chaines de Télévision à critiquer le régime et à dire pourquoi on devrait le choisir lui et son parti pour les prochaines joutes électorales…A sa grande surprise, il n'a eu que 3% des suffrages et n'a trouvé qu'une seul excuse : la fraude massive.

Au fait, on n'a pas besoin de leader ! On a besoin de la manifestation du leadership. Si vous posez des actes de leadership, on saura que cela vient d'un leader. On n'a pas besoin de gens qui veulent conquérir le pouvoir. On a besoin de gens qui utilisent déjà le pouvoir qu'ils ont pour nous donner une idée de tous ce qu'ils peuvent être et faire en tant que leader !

Arrêtez d'être des prétendants et des postulants au leadership ! Manifestez du leadership là où vous êtes ! Saisissez les moments de vérité du leadership ! Posez des actes qui vous donneront le droit de porter incontestablement le nom de LEADER ! Montrez-vous grand ! N'attendez pas pour être leader ! Montrez-vous leader ! Soyez leader là où vous êtes ! Utilisez chaque instant pour manifester du leadership !

61.

LE LEADERSHIP N'A PAS BESOIN DE CLASSEMENT

Le leadership n'a pas besoin de **classement**. Chaque leader est déjà classé automatiquement de par son attitude, ses actes, ses résultats et son impact. Au lieu de faire son sondage pour savoir ce qu'il vaut dans le cœur des gens, le leader doit ajuster son attitude, ses actes, ses résultats et son impact et les imprégner de la plus grande marque de leadership possible !

- Le leadership a besoin de marketing mais c'est seulement pour les gens qui ont besoin de savoir s'ils sont meilleurs que les autres et se battent pour les « positions vidées » de leur sens. Les leaders se contentent d'offrir le meilleur de la manifestation de leur leadership à chaque personne qu'ils rencontrent.

- Le leader peut avoir besoin de savoir s'il est mieux que quelqu'un d'autre mais ce qui préoccupent les grands leaders, c'est de savoir si chaque personne qu'ils rencontrent ou dans la vie de laquelle ils entrent a du mieux après leur rencontre.

- Le leadership a besoin du sensationnel pour créer l'émotion nécessaire à l'action. Mais ce qui compte pour les grands leaders, c'est le résultat qu'ils ont avec chaque personne dont ils réussissent à toucher le cœur.

- Le leader a besoin de toucher le maximum de gens possibles mais pour les leaders, c'est la qualité de chaque toucher et l'impact transformationnel positif durable qu'ils ont sur chaque personne qui compte.

- Les leaders finissent par avoir une renommée retentissante mais s'ils y arrivent, c'est parce qu'ils posent chaque jour des actes à impact retentissant !

- Vous aurez beau réussi à faire croire à l'opinion que vous êtes un grand leader ; mais la vraie valeur de votre leadership, c'est ce que vous valez pour la personne que vous pensez qu'elle ne mérite pas que vous lui manifestiez du leadership ;

Lorsqu'ils doivent choisir entre « être aimé par un grand nombre de personnes » et « manifester chaque jour un grand amour à l'égard de tous », les leaders préfèrent le deuxième et c'est pour cela qu'ils finissent toujours par se faire aimer par un si grand nombre de personne.

Battez-vous pour le leadership ! Attelez-vous à manifester de la grandeur et à poser de grands actes à chaque instant ! N'attendez pas pour être leader ! Manifestez du leadership maintenant ! Ne cherchez pas à être le plus grand ! Manifestez de le plus grand amour maintenant ! Montrez-vous grand ! Montez-vous leader ! Manifestez du leadership !

62.

COMMENCEZ PAR ETRE LE LEADER DE VOUS-MEME

Ce n'est pas la capacité à diriger les autres qui fait de nous un leader. C'est la capacité exceptionnelle dont nous arrivons à nous diriger qui fait croire aux gens que nous pouvons les diriger efficacement eux aussi.

C'est alors qu'ils nous choisissent comme une référence, un modèle, un exemple à suivre et nous donnent l'opportunité de les influencer, de les conseiller, de les orienter, de les guider et de les conduire aussi loin que nous avons pu aller.

La plus belle femme du monde ne peut donner que ce qu'elle a. Si bien que si un leader n'a pas une chose, il ne peut pas en donner à ses hommes et à son groupe.

- *Les hommes et les groupes ont besoin de paix et de prospérité.* Seuls les leaders qui sont paix avec eux-mêmes et savent activer les mécanismes de prospérité pour eux-mêmes peuvent le faire pour leur groupe et leurs hommes ;

- *Les hommes et les groupes ont besoin de discipline et d'organisation pour prospérer.* Seuls les leaders disciplinés et organisés peuvent organiser et discipliner une organisation ;

- *Les hommes et les groupes ont besoin de direction et d'orien-

tation pour prospérer. Seuls les leaders qui savent où ils vont peuvent conduire et amener les hommes et les groupes à bons ports.

- ***Les hommes et les groupes perdent facilement le nord pendant les périodes de trouble***. Seuls les leaders qui savent retrouver le nord intérieur peuvent offrir aux hommes et aux groupes l'opportunité de trouver le nord.

- ***Les hommes et les groupes ont besoin d'opportunités pour prospérer***. Seuls les leaders qui constituent des opportunités pour eux peuvent leur offrir des opportunités en or.

Le travail le plus important que nous avons à faire, c'est le travail à faire sur nous-mêmes.

La démocratie, ça commence à la maison. C'est pour cela que les gens qui ne se sont jamais attelés à se conduire de manière exceptionnelle ne peuvent pas conduire les autres à des résultats exceptionnels !

Débutez le travail de leadership par vous-mêmes ! Allez le plus loin possible dans votre développement pour gagner le droit et les moyens de développer les autres ! Portez-vous haut pour avoir l'inspiration de porter les autres très haut ! Elevez votre leadership pour vous rendre capable d'élever les autres vers le leadership ! Gouvernez votre monde ! Dominez votre monde intérieur ! Montrez-vous grand ! Montez-vous leader ! Manifestez du leadership !

63.

FAITES DE VOTRE MENACE VOTRE REFERENCE

L'homme qui sait s'élever à la hauteur de ses menaces finit toujours par prendre le dessus sur ses menaces.

Quelle est notre plus grande espérance pour vivre heureux sur la terre des vivants ? Ne jamais avoir de défis à relever et surtout ne pas voir nos sérénités être défiées ?

Très peu de gens répondrons « OUI » à la question suivante : « Est-ce que vous aimez les problèmes ? ».

La plupart des gens vous répondront : « Mais qui veut avoir des problèmes ? Vous voulez en avoir vous ? ». Si vous répondez : « NON », ils vous répondront : « Alors pourquoi vous me demandez si moi je veux en avoir ? ».

Sincèrement ! Personne n'aime les problèmes (défis s'il vous plait) ! N'est-ce pas ? Les positifs diront : « *Il n'y a pas de problèmes sans solution* » mais les leaders savent que ce sont les problèmes qui font que les solutions se multiplient et que la capacité du leader à trouver des solutions se renforce avec la multiplication des défis qu'il arrive à relever les uns après les autres.

La prochaine de votre croissance en leadership, ce sont les obstacles qui se présentent devant vous et ils constituent les prochains défis que vous avez à réaliser. Et la meilleure façon de relever un défi, c'est de se mettre à sa hauteur et non s'en plaindre encore moins chercher à l'éliminer.

Voyons ! Au lieu d'utiliser la personne qui est devant eux comme une référence, un modèle et une source d'inspiration pour aller plus haut, la plupart des gens en font des problèmes, une menace et un ennemi à abattre ! « S'il n'était pas là devant moi, j'aurais été le premier ».

Au fait, ***la croissance en leadership n'est pas un déplacement matériel ni institutionnel vers une position supérieure mais l'élévation intérieure et attitudinale vers une dimension supérieure.***

Ce n'est pas parce que vous êtes passé de ministre à Président de la République que vous êtes un meilleur leader ! C'est votre attitude et les vraies croissances que vous avez connues qui vous feront véritablement monter en fonction ! Bien sûr ! Les gens auront une meilleure estime pour vous ! Mais il y a une seule personne qui sait si oui ou non vous avez véritablement grandi à l'intérieur de vous-mêmes : vous !

Vous êtes pressé de passer de chef de service à Directeur de Département ? C'est parfait ! Mais pardon, celui qui est directeur de département n'est pas votre problème ! Copiez ses bonnes habitudes et ce qui lui a permis d'être valablement là où il est et vous y serez bientôt !

Si quelqu'un **doit** disparaître pour que vous paraissiez leader ou deveniez leader, il est définitivement votre leader ! Vous n'aurez même pas besoin de l'enlever ni de le pousser à la sortie ! Vous aurez besoin de vous inspirer de lui et devenir aussi grand que lui et vous serez un prétendant valable à sa dimension (et sa place) et vous allez commencer à avoir de l'impact à la même dimension avant même d'accéder à sa position.

Optimisez vos dispositions personnelles ! Inspirez-vous de la grandeur des grands ! Imprégnez votre attitude de grandeur ! Elevez-vous à hauteur des défis ! Utilisez ceux qui sont devant comme des références ! Montez en compétences ! Montez en fonction ! Trouvez votre supplément d'âmes ! Avancez encore et encore vers les sommets ! Manifestez de la grandeur chaque jour ! Manifestez tout simplement du leadership !

64.

SAVOUREZ L'OPPORTUNITE D'ETRE À LA UNE DES « JOURNAUX CRITIQUES »

Si l'on parle de vous dans les journaux et dans les salons, si tout le monde est pressé de donner son avis sur ce que vous êtes, ce que vous faites et avez, c'est que vous êtes déjà à une dimension très intéressante. Savourez l'opportunité ! Savourez l'instant ! Et si vous avez la chance d'avoir votre mère ou votre père dans les parages, dites-lui : « Ton fils, ta fille a cassé la baraque ! ».

- ***On ne vous critiquera pas si vous faites des choses insignifiantes dans des positions insignifiantes qui n'ont de l'importance pour personne.*** On vous critiquera si vous tentez des choses exceptionnelles à des dimensions exceptionnelles qui importent pour les gens – que vous réussissez parfaitement ou pas – Savourez l'instant où on se met à vous critiquer !

  Les gens vous critiquent peut-être parce qu'ils attendent plus de vous ! Si c'est le cas, alors c'est de la valorisation ! Savourez l'instant ! Si c'est parce qu'ils veulent faire vous chuter et vous distraire, allez-y voir ! C'est de la valorisation, vous êtes à une position très menaçante pour eux et certainement trop proche ou plus élevée que la leur ! C'est de la valorisation.

- ***Les gens qui attendent plus de vous ont peut-être le droit de vous critiquer parce qu'ils veulent que vous fassiez mieux !*** C'est de la valorisation ! Ils vous envoient un message intéressant :

« Nous comptons sur toi ! Nous avons besoin de toi » ! Savourez l'instant !

- ***Les gens qui vous critiquent sont certainement plus faibles que vous et ne peuvent peut-être pas vous aider de façon concrète !*** S'ils n'étaient pas plus incapables et plus faibles que vous et pouvaient véritablement vous aider, ils passeraient leur temps à vous aider, à vous inspirer, à vous soutenir et vous encourager plutôt qu'à vous décourager avec leurs critiques ! Et s'ils ne savent pas que leurs critiques acerbes peuvent vous décourager et vous conduire au pire – Allez-y voir ! Ils doivent être très ignorants ! C'est encore le signe que vous êtes plus grand qu'eux ! Savourez l'instant !

    (Quant à vous, ne critiquez ! Aidez les gens à s'améliorer en commençant par leur parler de leurs forces et des choses qu'ils pourraient faire pour devenir plus fort ! Valorisez-les – autrement vous vous dévalorisez).

Imaginez qu'on vous demande ce que vous pensez de « Bernard Imanidio » et que vous demandez : « C'est qui Bernard Imanidio ? ». En fait, c'est parce que Barnard Imanidio n'a aucune importance ni aucune valeur pour vous ! N'est-ce pas ? Maintenant si vous répondez : « Bernard ? Ce n'est pas la peine ! C'est un salop ». Voyons ! Si vous répondez ainsi, c'est que Bernard a ou avait une importance dans votre vie ou continue d'en avoir ».

Vous voyez ? On ne critique que les gens qui ont de l'importance pour nous ! Les gens qui vous critiquent s'intéressent à vous parce que vous êtes intéressant en quelque chose ! Savourez l'instant ! Vous avez de la valeur !

Savourez les instants où vous êtes critiqué ! Jouissez de l'opportunité de faire partie des gens importants dont on parle ou dont on est obligé de parler ! Utilisez l'opportunité pour vous améliorer ! Utilisez l'opportunité pour devenir meilleur ! Utilisez l'opportunité pour manifester du leadership ! Montrez-vous à la hauteur des attentes ! Travaillez pour être à la hauteur des attentes ! Continuez de monter ! Continuez d'exceller ! Et surtout manifestez constamment du leadership !

65.

LAISSEZ LA FOULE VOUS TROUVER BETE !
ELLE N'EST PAS VOTRE BAROMETRE

Lorsque vous posez des actes de leadership et échouez en apparence (sur le court terme) la foule vous lynchera ou trouvera bête, **les** matures vous trouveront leader ! Lorsque vous posez des actes immatures et réussissez en apparence (sur le court terme), la foule vous applaudira et vous adulera alors que vous les grands vous attendront à une échelle supérieure !

Vous ne pouvez pas faire de la foule votre baromètre parce qu'elle ne sait jamais juger les vrais actes de bravoure et de leadership sur le court terme

- *Vous décidez de quitter un emploi «très bien rémunéré », celui-là dont rêvent tous les gens de votre génération pour aller créer votre propre entreprise, prendre plus de plaisir et consacrer du temps à votre famille !* La foule vous trouvera bête ! Et pourtant vous venez d'optimiser vos chances d'être un leader et de devenir très grand ! Alors, pourquoi vous en vouloir ?

- *Vous avez décidé d'être fidèle à votre épouse et de ne pas faire la cours aux filles à tout bout de champ ni de sauter sur tout ce qui bouge !* Alors parce que vous êtes très beau, très stylé ou trop propre, la foule se demande si vous ne seriez pas un « gay ». Et pourtant vous manifestez clairement du leadership et vous élevez tout simplement de par votre attitude à une dimension supérieure à celle du commun des mortels ! Pourquoi vous en vouloir ?

- *Vous avez passé un bon déjeuner chaleureux avec vos amis. Vous venez d'entamer la deuxième heure alors que vous avez du travail qui vous attend.* Si vous ne partez pour aller finir le boulot, vous risquez de rentrer tard et allez rater le dîner alors que vous avez fait la promesse de diner avec vos enfants ! Vous décidez de partir ! Quelqu'un vous lance : « Ah tu pars déjà ? Monsieur « l'occupé » ! ». Vous êtes vexé et gêné ! Ne vous en faites pas ! Il n'est pas votre baromètre ! Ses résultats et sa famille importent moins pour lui que les débats infructueux ! Vous ne surfez pas sur les mêmes vagues que lui ! Vous êtes tout simplement à une dimension supérieure ! Montrez-vous à la hauteur de vos idéaux, souriez et partez !

Sur les chemins de la manifestation de notre leadership, nous serons soumis à beaucoup de test ! Les plus faciles et les plus ridicules certainement arriveront lorsqu'on entendrez en fond sonore : « `Pourquoi toi tu ne fais pas comme tout le monde ?` ». Vous savez quelle est la réponse au test : « ***Je ne suis pas tout le monde ! J'aspire à un degré supérieur de leadership, d'élévation personnelle et de grandeur !*** ».

Clarifiez vos idéaux ! Engagez-vous à devenir grand ! Surfez sur des vagues supérieures ! Visez l'échelle supérieure ! Manifestez du leadership ! Et pardessus tout, ne faites pas de la foule votre baromètre ! Montrez-vous grand ! Visez un peu plus haut et un peu plus loin ! Prenez de la hauteur ! Adoptez une attitude supérieure ! Dominez-vous ! Elevez votre leadership et soyez grand !

66.

LAISSEZ LES FAIBLES COMPTER SUR VOS FAIBLESSES

Il n'y a rien de plus soulageant pour les gens qui vous trouvent redoutables que d'apprendre que vous avez quelques défaillances et que vous n'êtes pas aussi parfaits que vous le prétendez ! C'est le soulagement pour eux !

Pourquoi vous en attristez ? Ils sont contents que vous ne soyez pas aussi forts qu'ils le redoutaient mais ils savent que vous êtes toujours aussi forts ! Ils sont soulagés mais pas rassurés ! Non ?

Imaginez qu'ils apprennent des choses sur vous et se disent : « *Ah bon ! Lui aussi, il fait ça ? Je ne savais pas. Ça m'étonne quand même hein !* ». Imaginez qu'ils sont contents un tout petit peu, que pensez-vous ? Ils sont soulagés de voir que vous avez quand même quelques failles ! La vérité, c'est que vos forces ne sont pas encore remises en cause ! Et ils le savent très bien !

Maintenant si vos forces les perturbent vraiment, ils vont essayer alors d'accentuer la divulgation de vos faiblesses pour voir si cela ne va pas relativiser vos forces et vous discréditer ! Terrible non ? Voyons :

- *Sachez que seuls les faibles se moquent et se réjouissent de la défaillance des forts. Ils espèrent ainsi que plus personne ne leur en voudra de ne pas être parfaits !*

Alors si les faibles n'ont pas honte de ne pas être parfaits, pourquoi vous qui êtes si bon et fort allez être gêné ?

- Voici la phrase sur laquelle les faibles comptent pour se soulager « *Et bien dis donc ! Moi qui croyait être le seul dans le cas !* ».

  Franchement, êtes-vous vraiment dans le même cas que lui ? Etes-vous vraiment à la même dimension ? A-t-il vraiment pu réaliser les exploits et atteindre la grandeur que vous avez atteinte ? Pourquoi vous en vouloir donc ?

- Celui qui indique vos faiblesses, indique également la voie de l'amélioration de votre leadership et de votre élévation personnelle ! Cachez-vous et améliorez ce que vous avez à améliorer ! Et les faibles continueront de compter sur vos faiblesses ou les défaillances qu'ils vous connaissaient alors que vous avez su vous améliorer entre-temps ! Qui sort gagnant ?

Laissez votre ex (copain, copine) penser que vous êtes toujours aussi fragile, incapable de vous débrouiller ou que vous êtes toujours aussi nul (le) au lit ! Laissez cet employeur continuer de penser que vous n'y arriverez pas ! Laissez ce mec qui vous a humilié dans une affaire penser que vous êtes toujours aussi vulnérable ! Si ça peut les soulager tant mieux ! Vous savez ce que vous avez à faire et vous savez à quel niveau vous êtes vraiment !

Cachez-vous et améliorez-vous discrètement ! Rodez-vous et optimisez-vous sans bruit ! Optimisez constamment votre valeur ! Continuez de grandir ! Continuez de vous montrer grand ! Souriez ! Voyez-vous grand n'en déplaisez à ceux qui pensent vous connaître ! Et par dessus tout : Manifestez du leadership !

67.

NE SOYEZ PAS FATIGUE D'ETRE CORRECT

Quand on est fatigué d'être correct, on s'offre des exceptions pour ne pas manifester du leadership mais l'évidence de la difficulté ou de la complexité ne doit pas être une raison pour descendre dans les méandres de l'immaturité !

Lorsque les autres ne sont pas corrects ou que les choses sont difficiles, nous avons là une bonne raison de ne pas nous obliger à être correct ! Sauf que nous tombons de plein pied dans un piège : « Nous avons décidé de rejoindre la ligue des incorrects ».

Lorsque c'est difficile et nous arrivons à trouver une bonne raison de manifester du leadership, nous venons de saisir une opportunité : « Rester dans la ligue des leaders et nous porter à une dimension supérieure ».

- Qu'est-ce que je suis tenté de faire lorsqu'un quatrième automobiliste vient de me faire une queue de poisson le matin ? Je suis fatigué de me maitriser et finis par faire moi aussi une queue de poisson ou de raller ! Alors que j'ai toujours prétendu qu'il faut garder son sang froid et de ne pas suivre les fous dans leur folie ! Maintenant je me suis permis de réagir comme eux, qu'est-ce que je leur reproche donc ?

- J'ai fini par me convaincre de ce que dans la vie, à un certain moment, pour obtenir certaines choses, il faut laisser de côté ses valeurs ! Ahan ! Alors que pendant longtemps, j'ai critiqué mes amis et connaissances ou inconnus qui ont violé leurs valeurs !

Où est-ce que j'en suis moi-même ? Seraient-ce les difficultés et les contraintes mon seul alibi ou j'ai tout simplement changé de ligue ? Qu'est-ce que je reprochais donc à ceux qui avaient du mal comme j'ai du mal maintenant ! Pourquoi ne pas leur montrer qu'on peut prendre de la hauteur et continuer de s'élever malgré tout ? N'avais-je pas ainsi l'opportunité de manifester du leadership ?

- Qu'est-ce que je suis tenté de faire si après avoir pardonné une erreur à un collaborateur trois fois il se permet de la commettre une quatrième fois ? Humm ! Supposons que je choisis de ne pas me montrer leader cette fois-ci ! Faisons un petit calcul ! Il a été incorrect trois fois et j'ai été leader trois fois ! Il s'est permis d'être incorrect une quatrième fois, il vient de me montrer qu'il a de la constance ! Pourquoi ne vais-je me montrer constant moi aussi en me montrant leader ?

Si les autres se débrouillent pour être des incorrects constants, quelle voie me montrent-il ? Celle de la constance afin que je reste un leader constant ou celle de l'incorrection afin que je me montre incorrect pour la première fois ? Gros challenge !

Ne soyez pas fatigué ! Montrez-vous leader ! Choisissez la constance en leadership et faites de sorte que le summum de l'incorrection ne vous fasse pas descendre dans la fosse des bassesses ! Faites la différence ! Les autres n'ont pas autant de dimension que vous ! Faites la différence donc ! Montrez-vous grand ! Montrez-vous très grand ! Manifestez du leadership !

68.

REMPLISSEZ ABONDAMMENT LA BOUTEILLE DE LA GRATITUDE

Le moment où vous ressentez qu'une personne est ingrate est le moment où vous devez vous montrer généreux envers lui afin que définitivement il finisse par se sentir tellement redevable et manifeste de la gratitude…Si vous vous arrêtez, vous n'allez qu'accentuer son insatisfaction et donc son ingratitude.

Peu de choses viendront créer la rupture dans la manifestation de votre leadership que le sentiment qu'une personne envers qui vous avez été généreux à plusieurs reprises se montre très ingrate.

La vérité, c'est que personne n'a jamais été ingrate. Vous n'avez tout simplement pas été en mesure de remplir la bouteille de ses attentes ou elle pense que vous avez encore des crédits de générosité à son égard.

Qui sont les premiers à être ingrats ou de qui nous n'attendons pas une grande expression de gratitude et à qui nous savons donner avec obligation, sans nous lasser et sans compter ? Les membres de notre famille ? Et quel est le membre de notre famille qui manifeste en général peu de gratitude ? La mère ? Et pourquoi donc ?

Parce qu'elle a le sentiment que nous avons tellement de dettes envers elle au point où rien de ce que nous ferons ne compensera jamais tout ce que nous lui devons – parce qu'elle aura tout donné pour nous !

Maintenant, les habitués savent très bien que lorsque vous faites un geste de générosité à l'égard de votre famille maternelle ou de l'un de vos frères et sœurs, votre mère se montre en général très reconnaissante ! Pourquoi donc ? Certainement parce que vous en venez à faire une chose que vous n'êtes pas obligé de faire. Vous venez de marquer des points et d'aller au-delà du champ des dettes que vous avez à son égard.

Imaginez un instant qu'une personne pense que vous lui devez tout ou pas mal de choses – un ami par exemple (ce sont les premiers que nous trouvons ingrats) ou qu'elle pense que c'est normal que vous lui donniez des choses, vous mettrez plus de temps à remplir la bouteille de ses attentes. Et si d'aventures vous arrêtez d'être abondamment généreux envers lui (vous vous mettez ainsi à vider la bouteille), le ressenti qu'il aura ne le poussera à manifester qu'une seule chose : de l'ingratitude.

Les leaders savent qu'il est normal qu'une personne se montre ingrate lorsqu'elle n'a pas suffisamment le sentiment que vous êtes la personne qui l'aura aidée, soutenue, entretenue, formée, impactée et élevée plus que quiconque. Et si vous arrêtez de l'aider, de le soutenir, de l'entretenir, de le former, de l'impacter, de le développer et de l'élever parce qu'il serait ingrat, vous ne faites que retarder la perspective qu'elle soit reconnaissante.

La quantité d'actes de bonté et de générosité que nous avons besoin de manifester pour qu'une personne finisse par se montrer reconnaissante peut être comparée à la taille d'une bouteille d'attentes à remplir ! Tant que nous n'avons pas fini de remplir la bouteille, elle ne saura se montrer reconnaissante ! Et tant que nous ne remplissons pas entièrement la bouteille (selon lui), nous ne pouvons pas dire qu'elle est ingrate.

Pourquoi devons-nous remplir la bouteille jusqu'au bout donc ? Parce que nous voulons multiplier le nombre de personnes qui nous considèrent comme leur leader et nous sont redevables et que nous pouvons influencer parce qu'ils nous doivent beaucoup.

Les gens qui acceptent votre leadership, les gens que vous pouvez influencer vraiment, ce sont ceux qui vous doivent tout, qui ont des choses à attendre de vous et envers qui vous continuez de vous montrer généreux et de manifester du leadership !

Ne soyez pas fatigué d'être généreux car la générosité fait des leaders ! Montrez-vous leader ! Choisissez la constance en générosité quelles que soient les ingratitudes ! Faites la bonne chose ! Faites ce que vous avez à faire en tant que leader pour optimiser votre capacité d'influence ! Faites la différence ! Les autres n'ont pas autant de dimension que vous ! Faites la différence donc ! Montrez-vous grand ! Montrez-vous très grand ! Manifestez du leadership !

69.

REMPLACER L'ENVIE DE RALER PAR LA NECESSITE DE MANIFESTER DU LEADERSHIP

Le moment où vous avez toutes les raisons de ne pas manifester du leadership est le moment où vous devez plus faire de l'effort pour le manifester.

Pourquoi ? Parce que lorsque tout vous sera enlevé et lorsque vous ne serez plus en mesure de rien être, de rien faire et de rien avoir, il n'y a qu'une seule chose qui vous garantira le titre de leader : manifester du leadership.

La plupart des gens placent des limites au-delà desquelles ils ne sont plus obligés d'avoir des réactions de leaders. Ils disent donc : « ***Oui il faut être patient mais il y a une limite à partir de laquelle vous ne pouvez plus laisser les gens continuer*** ». Si vous êtes à côté d'eux, dites-vous calmement : « ***C'est bien à partir de cette limite que je dois manifester du leadership afin de faire la différence !*** ». Le parcours du leadership débute après que le commun des mortels s'est arrêté !

La plupart des gens se disent que râler, taper du point sur la table, s'énerver, s'en prendre aux autres et refuser d'assumer ses responsabilités font partie des choses qu'ils peuvent se permettre de faire avec certaines personnes et dans certaines situations ; des choses qu'ils n'auraient pas fait en temps normal et qu'ils ne supporteraient pas qu'un leader fasse. Si vous êtes à côté d'eux ou êtes tentés de râler ou de faire pareil pour quelques raisons, respirez et dites-vous calmement : « *C'est bien à partir de cette limite que je dois manifester du leadership afin de faire la différence !* ». Le parcours du leadership débute après que le commun des mortels s'est arrêté !

Il n'y a pas foule au sommet d'un mont aux grandes hauteurs ! Il n'y a pas d'embouteillages après le terminus (de la manifestation du leadership après l'essoufflement du commun des mortels). Il y a une limite au-delà de laquelle la plupart des gens ne s'obligent plus à manifester du leadership et cèdent à toute sorte d'envie qu'on ne peut classer dans la catégorie des bonnes habitudes de leader ! Manifestez surtout du leadership à partir de ces limites !

Nous avons tous envie de tomber dans le piège du besoin de ne plus faire des efforts pour manifester du leadership ! Surtout que c'est très dur de résister à nos pulsions et instincts historiques et originels de retourner à la défensive, à la victimisation, à la démission, à la véhémence, à la vengeance, aux représailles, à la colère, à la résignation…

Nous avons souvent trop souvent peu de moyens de faire autrement et peu de référence qui nous rappeler que nous devons continuer de marquer la différence, de manifester du leadership. De grâce, si ces moments où l'on a envie de démissionner et de faire moins qu'un leader arrivent, respirez, pensez au leadership et remplacez-les par la nécessité de manifester du leadership !

Saisissez le moment ! Relevez le défi du leadership ! Soyez présent lorsque les vraies choses commence ! Faites jusqu'au bout votre parcours de leadership ! Dépassez les instincts et pulsions historiques ! Retournez au leadership ! Sauvez votre leadership et Manifestez constamment du leadership !

70.

NE LAISSEZ PAS LES FAITS DECIDER DE VOTRE LEADERSHIP

Les leaders se projettent vers l'excellence...Les autres collectent les faits et finissent par compiler de bonnes raisons de ne pas manifester du leadership.

La plupart des gens ont un leadership circonstanciel. Ce qui montre que ce n'est pas facile de rester égal à soi-même ! Ils savent très bien qu'ils doivent s'obliger à manifester du leadership. Maintenant, comme tous les leaders et les leaders potentiels en situation, ils savent que ce n'est pas facile de jouer efficacement le jeu gagnant du leadership. Alors, ils recherchent rapidement des circonstances atténuantes pour ne pas s'obliger à manifester du leadership.

Le jeu qu'ils préfèrent jouer, c'est celui du listing des exceptions à l'exigence de manifestation constante du leadership.

A cet effet, ils ont une exception favorite : « Les faits ».

Non seulement ils jugent les gens sur les faits mais ils aiment également à utiliser l'attitude d'une personne comme une excuse parfaite pour ne pas manifester du leadership !

Par exemple, ils aiment les flagrants délits. Ils vous diront : « ***Je l'ai vu de mes propres yeux*** ». Ils oublient que le fait de l'avoir vu de leurs propres yeux n'a pas besoin de leadership et que c'est la réaction que vous avez juste après qui a besoin d'être imprégnée de leadership !

Franchement les leaders ne jugent pas les gens, ils les ajustent ! Ils se demandent : « ***Quel résultat j'ai besoin d'obtenir avec lui et quel ajustement je dois opérer à cet effet ?*** » au lieu de dire : « ***Vu ce qu'il a fait, je ne pense pas qu'il soit encore la bonne personne pour produire du résultat*** ». Quel coup d'arrêt !

Ne laissez pas les faits devenir le coup d'arrêt qui mette fin à la manifestation de votre leadership ! Regardez constamment le potentiel dans les gens ! Croyez qu'ils peuvent finir par produire du résultat si on les aide, si vous savez manifester du leadership ! Refusez les coups d'arrêt ! Elevez constamment votre leadership ! Manifestez du leadership !

71.

SOYEZ L'ULTIME REPRESENTANT DU LEADERSHIP

Devant un homme «prêt à tout», Il faut des leaders prêts à tout pour montrer qu'il est encore possible de manifester du leadership sur la terre des vivants.

Les rares moments où j'ai le plus senti le besoin de manifester du leadership, c'est rarement un moment où tout le monde autour de moi est aligné sur les phares du leadership ! Pendant ces moments-là, il est souvent facile de trouver des représentants souriants et engagés du leadership ! Pendant ces moments-là, on n'a pas besoin d'efforts exceptionnels pour être correct, se montrer digne, exceller et manifester du leadership !

Les rares moments où j'ai le plus senti le besoin de manifester du leadership, c'est lorsque j'ai en face de moi un interlocuteur « prêt à tout » pour tout gâter et me pousser à justifier l'exécution de mon envie de ne pas me montrer leader !

- Il arrivera un moment où une personne sera déterminée à tout faire et à tout dire (ou tout écrire) pour vous « déshabiller » et vous déshonorer à la face du monde ! Quand il le fera, faites tout et soyez prêt à faire tout pour manifester du leadership !

  Souriez ! Souriez encore et dites-lui : « Tu as parfaitement raison ! Je n'ai pas fait ce que je devrais faire ! Tu as raison ! Tu as parfaitement raison ». Donnez-lui tellement raison jusqu'à ce qu'il finisse par entendre raison !

- Tout le monde sera unanime que face à une personne pareille, il n'y a rien d'autre à faire que de réagir à la hauteur de ses provocations et exagérations. Soyez le seul qui puisse dire : « Attendez ! Nous n'allons pas faire ça ! Savez-vous le niveau auquel il veut vous faire descendre là ? ».

  Répondez comme Mandela : « Nous n'allons pas leur faire subir ce qu'ils nous ont fait subir ». Soyez l'ultime représentant du leadership.

- Le complot sera ficelé et la décision de briser les intérêts d'une tierce personne sera consommée. Tout le monde a le sourire à l'idée d'avoir le pauvre ! Soyez le seul qui puisse dire : « Attendez ! Nous n'allons pas faire ça ! Et si vous insistez, laissez-moi vous dire une chose : Je ne peux pas participer à ça ! » et partez ! Vous venez de faire capoter le plan des « vilains types » ! Vous venez de sauver le leadership ! Vous avez été l'ultime représentant du leadership !

Sinon comment pouvons-nous nous montrer différents si ce n'est pas que nous réussissons à continuer à manifester du leadership même face aux grands détracteurs du leadership ! Pour ceux-là, on n'a pas besoin d'être correct tout le temps, d'être généreux tout le monde, d'aider tout le temps, de servir tout le temps, de se sacrifier tout le temps, de s'oublier tout le temps, d'être clément tout le temps, d'être patient tout le temps, d'être utile tout le temps, d'être disponible tout le temps, de faire confiance tout le temps !

Soyez des rares qui croient au leadership quand les autres ont abandonné ! Soyez le grand acteur du leadership ! Restez fort ! Restez leader! Soyez l'ultime représentant du leadership ! Prenez de la hauteur ! Soyez différent ! Montrez-vous grand ! Soyez grand ! Souriez ! Manifestez du leadership !

72.

REJOIGNEZ LA LIGUE DES GRANDS TYPES

Les grands types font de grandes choses. Les petits gens ont de petites attitudes. La bassesse est leur habitude.

Il faut les comprendre. Les gens font ce qui correspond à leur niveau. Il faut leur pardonner et se dire : «Je ne vais pas descendre à son niveau».

Comme le disait Michel GOHOU dans une chanson des guignols d'Abidjan : «Lorsque tu te laves au marigot et que le fou du village vient récupérer tes habits et tu cours derrière lui tout nu, arrivés au village, tous les villageois verront qu'il y a un deuxième fou». Ne laissez pas le fou vous rendre fou !

Un fou fait des folies. Un ignorant fait des choses qu'il ne sait pas et même un méchant est convaincu que ses méchancetés sont justifiées.

Ne les suivez pas ! Montrez-vous grand ! Rejoignez la ligue des grands types ! Dites-vous : « **On ne peut attendre mieux de lui. Il fait ce qui correspond à son niveau** ».

    1. Une personne s'en prend à moi alors que je lui ai toujours voulu du bien ? Pas besoin de me prendre la tête, il ne sait pas à quel point je l'aime. Je reste un grand type !

    2. Une personne a tort mais s'en prend à moi. Il a raison - du moins il a besoin d'avoir raison. Je lui dis : «Tu as parfaitement raison». Et je reste un grand type !

3. Une personne décide de ne pas être correct avec moi et de me détruire ? Pourquoi lui en vouloir ? Il n'a pas les moyens de faire mieux (pour l'instant). Je reste un grand type !

N'oubliez pas que vous êtes un grand type (une grande dame), que vous devez devenir un grand type et rester un grand type ! Gagnez la bataille intérieure ! Montrez-vous grand ! Optez pour l'attitude supérieure ! Montez en altitude ! Manifestez du leadership et rejoignez la ligue des grands types ! Dites : « Je rejoins la ligue des grands types ! ».

73.

DEVELOPPEZ L'HABITUDE DE MANIFESTER DU LEADERSHIP

Tout ce que nous avons l'habitude de faire finit toujours par devenir facile à faire. La même chose est vraie pour l'habitude de manifester du leadership !

Tout est simple à faire sauf pour les gens qui ne sont pas prêts à se faire violence pour s'appliquer à faire les choses apparemment difficiles à faire jusqu'à ce qu'elles deviennent faciles à faire.

- C'était difficile pour moi de prendre des décisions difficiles, mais lorsque je me suis appliqué à prendre des décisions difficiles, c'est devenu facile.

- C'était difficile pour moi de faire régulièrement de l'exercice sportif. Mais lorsque je me suis habitué à le faire, c'est devenu facile...

- C'était difficile pour moi de lire un livre par semaine, mais lorsque je me suis appliqué à le faire, c'est devenu facile à faire.

- C'était difficile pour moi de dire : « Tout est grâce » et de sourire face à des situations difficiles, mais à force de prendre l'habitude de le faire, c'est devenu très facile pour moi !

Rien n'est donné d'avance ni facile à faire et lorsqu'il est question de manifester du leadership, c'est encore plus complexe ! S'il y a un effort que nous avons besoin de faire pour finir par devenir un leader qui sait garder le sourire quelles que soient les situations, c'est de nous obliger et de nous appliquer à garder le sourire quelles que soient les situations jusqu'à finir par atteindre le summum du leadership !

- Appliquez-vous et prenez l'habitude de **répondre en leader** et répondre en leader sera votre réaction favorite…

- Appliquez-vous et prenez l'habitude **de pardonner** et pardonner deviendra votre réaction favorite…

- Appliquez-vous et prenez l'habitude **d'utiliser les questions pour challenger le statu quo** et utiliser les questions pour challenger le statu quo va devenir votre méthode favorite…

- Appliquez-vous et prenez l'habitude **de privilégier le résultat en toute chose**, et **rester orienté résultat** quoi qu'il en soit va devenir votre méthode favorite…

- Appliquez-vous à **ne plus laisser votre ressentiment personnel prendre le dessus** et savoir mettre vos sentiments personnels de côté va devenir la chose la plus facile que vous ferez chaque jour !

- Obligez-vous à chaque fois de **gagner en premier la bataille intérieure** et gagner la bataille intérieure sera votre rituel préalable à toute bataille…

Ne soyez plus de ceux qui défendent et justifient les errances et déviances parce que ce serait difficile de manifester du leadership tout le temps !

Abonnez-vous au leadership ! Obligez-vous à manifester du leadership ! Rendez témoignage au leadership ! Montrez que la bonté, la patience, l'orientation résultat et le dépassement de soi sont possibles et ces choses seront plus que jamais faciles à faire pour vous ! Prenez de la hauteur ! Soyez différent ! Montrez-vous grand ! Soyez grand ! Souriez ! Manifestez du leadership !

74.

UTILISEZ VOTRE REACTION POUR RENTRER DANS L'HISTOIRE

De mauvaises choses arrivent aux bonnes personnes avec un gros risque de les anéantir mais, c'est leur réaction qui les fait rentrer dans l'histoire.

- Sur l'échelle des choses qu'on puisse faire pour se battre pour les causes de l'humanité, on peut dire que Mandela ne méritait pas d'être mis en prison. Mais d'autres personnes avant lui ont fait autant de temps en prison mais très peu ont fini par réagir comme lui ! Quand il dit : « Nous n'allons pas leur faire subir ce qu'ils nous ont fait subir », c'est alors qu'il est rentré dans l'histoire en n'infligeant pas à ses « bourreaux » et aux « bourreaux (ignorants) » de son peuple ce qu'ils leur ont fait subir ! Ayez une grande réaction et vous rentrerez dans l'histoire vous aussi !

- Il est déjà arrivé à plusieurs personnes d'être sommés de descendre d'un bus pendant la période ségrégationniste aux Etats-Unis. Rosa Park n'était pas la première ! Mais c'est sa réaction courageuse qui l'a fait rentrer dans l'histoire ! Montrez-vous courageux et ayez une grande réaction et vous rentrerez dans l'histoire !

- Beaucoup de gens avant Gandhi se sont battus pour la décolonisation de leurs nations et ont donné le meilleur d'eux-mêmes pour finir par triompher malgré les traitements inhumains qu'ils ont pu subir ! Mais c'est la stratégie de réponse de Gandhi à la violence par la non violence qui a fait rentrer Gandhi dans l'histoire ! Répondez différemment et vous rentrerez vous aussi dans l'histoire !

Avant de subir des choses difficiles, très peu parmi les grands leaders qui ont marqué l'histoire avaient de signifiance et de la valeur ! Et beaucoup de gens sont morts et sont tombés dans l'oubli pendant qu'ils subissaient l'injustice ! Les rares qui ont su marquer la différence, ne l'ont marqué que du fait de leurs réponses différentes face à ce qu'ils subissaient !

Nos réactions, nos réponses, notre attitude nous colleront toujours à la peau et détermineront constamment le niveau le plus élevé auquel nous nous hisserons peu importe si nous vivons des moments de gloire ou vivons l'injustice et de graves sévices ! Tout dépend de nos réactions ! Tout dépend de notre attitude ! Tout s'élève ou s'écroule en fonction de notre capacité à manifester du leadership !

Elevez votre leadership ! Elevez votre attitude ! Elevez votre réaction ! Répondez différemment ! Réagissez différemment et soyez celui qui manifeste le mieux et le plus grandement possible du leadership ! ! Prenez de la hauteur ! Soyez différent ! Montrez-vous grand ! Soyez grand ! Souriez ! Manifestez du leadership !

75.

LE SEXE, LE POUVOIR ET L'ARGENT ONT UN EFFET FONDANT SUR LA PLUPART DES GENS ! ET VOUS ?

La façon dont notre attitude varie face aux petits et aux grands enjeux est l'un des baromètres déterminants de notre leadership.

Lorsque l'attitude d'une personne vous choque ou que vous la trouvez méconnaissable face à ses réactions, vérifiez si le sexe, l'argent (le manger) et le pouvoir ne sont pas en jeu.

Lorsque les positions, les réactions et l'attitude d'une personne changent terriblement et ce de façon inexplicable, ne vous en faites ! Ne soyez même pas étonné ! Vérifiez s'il n'y a pas le sexe, le pouvoir et l'argent en jeu.

Car lorsque ces trois-là sont en jeu, les gens sont prêts à se débarrasser de leurs dessous et se promener tout nu si c'est ce qu'il faut pour les avoir....

Vous aurez rarement des ennuis avec une personne jusqu'à ce que le sexe, l'argent (la bouffe) et le pouvoir soient en jeu.

Si bien que lorsque vous voulez mesurer votre propre niveau de maturité et de solidité attitudinale, n'essayez pas de voir comment vous vous comportez lorsqu'il n'y a presque pas d'enjeux.

Demandez-vous plutôt : « ***Comment je réagis lorsque j'ai cruelle-***

ment besoin de sexe, d'argent (manger) et de pouvoir (valorisation) ? »

Tout le monde est correct et parfait lorsque tout est normal et parfait (et sans enjeux) mais les leaders s'aiguisent et s'entrainent à penser et agir correctement sous pression et lorsqu'il y a de gros enjeux en jeu.

Face aux attractions charnelles et physiques (ATTRACTIONS SEXUELLES), ils se concentrent sur le vrai sens des choses et leur raison d'être. L'une des questions qu'ils se posent, c'est : « ***C'est très excitant ! Maintenant, qu'est-ce que je deviendrai juste après ?*** ». Vous pensez qu'on n'a pas le temps de se poser une telle question ? Donnez-vous le temps de le faire et vous le ferez !

Face aux suggestions matérielles du court instant (ARGENT DISPONIBLE ET FACILE), ils se connectent aux valeurs universelles et éternelles. L'une des questions qu'ils se posent, c'est : « ***Qu'est-ce que je perds sur le long terme en laissant cette abondance de court terme m'endormir ?*** ».

Face au désir de dominer les autres (POUVOIR ET PUISSANCE), ils s'appliquent à être maître d'eux-mêmes et à être meilleur aujourd'hui plus qu'hier. Ils se demandent : « ***Ai-je besoin de la sensation de dominer les autres ou du pouvoir de dominer mes instincts ?*** ».

Utilisez les questions et vos valeurs pour renforcer votre bouclier contre les grandes tentations ! Gagnez la bataille intérieure ! Prenez le lead ! Attachez-vous aux vrais fondamentaux de votre valeur intrinsèque ! Soyez plus fort et plus attractif que ce qui vous tente ! Prenez de la hauteur ! Soyez différent ! Montrez-vous grand ! Soyez grand ! Souriez ! Manifestez du leadership !

76.

SURGISSEZ ET METTEZ FIN AUX DEGRADATIONS

Quand les gens ont faim, ils se démotivent. Quand les gens sont frustrés, ils attaquent ! Quand les gens sont fatigués, ils abandonnent ! C'est alors que les dégradations apparaissent grandement ! Et seuls des leaders qui arrivent à se auto-motiver peuvent y mettre fin !

La question que nous devons nous poser, c'est de savoir à quel point nous sommes déterminés et suffisamment autodéterminés non seulement pour ne pas causer des dégradations mais pour nous mettre responsablement en avant pour les corriger.

La plupart des gens veulent être leader mais très peu de gens veulent prendre des situations non satisfaisantes et se dire : «***Je dois pouvoir y faire quelque chose***»!

Il y a tant de besoins dans nos sociétés qui attendent d'être satisfaits, tant de causes sans acteurs et des opportunités sans audacieux, tant de dégradations qui ont besoin de correcteurs engagés ! Là où nous attendons que les autres réalisent le miracle, pourquoi ne pas en lister 5 et nous dire : «*Je vais y faire quelque chose*»

Qu'il s'agisse de Churchill, Mère Teresa, Gandhi, Mandela, Martin Luther King, Steve Jobs, Jeff Bezos, Thomas Edison, Louis Pasteur et tous ces grands hommes qui sont rentrés dans l'histoire et que nous citons en exemples, il n'y a qu'une seule chose qui leur a permis de rentrer dans l'histoire : ***faire quelque pour rendre le monde meilleur là où les autres attendent le miracle!***

Le résultat donne du pouvoir ! Que celui qui veut le pouvoir récupère une dégradation ou aggravation en cours et décide d'y faire quelque chose, agisse avec engagement et enchainement et produise du résultat !

Que celui qui veut mériter le titre de leader, prenne une situation qui a besoin d'action audacieuse et fasse quelque chose pour l'améliorer ! Et s'il y arrive, Il devient automatiquement un modèle et un leader.

Il doit arriver un moment où nous devons choisir entre « *Etre un leader qui parle et parle* », « *Etre un leader de soulèvement qui critique et soulève les gens contre les autres et ne sait pas bâtir et produire du résultat* », « *Etre un leader indifférent qui se dit qu'il n'est pas concerné* » et « *Etre un leader qui avance et met fin avec engagement et détermination aux dégradations* ». Le leadership n'est pas une question de poste, mais la capacité à produire des résultats exceptionnels et utiles au monde.

Faites quelque chose pour le monde ! Mettez fin à l'une des nombreuses dégradations et défaillances du monde ! Faites quelque chose pour rendre le monde meilleur ! Adoptez l'attitude supérieure ! Soyez leader ! Pratiquez le leadership gagnant ! Prenez de la hauteur ! Soyez différent ! Montrez-vous grand ! Soyez grand ! Souriez ! Manifestez du leadership !

77.

SEPAREZ-VOUS SUR LE NIVEAU LE PLUS ELEVE DE LEADERSHIP POSSIBLE

Les autres regardent ce qu'ils ont gagné ou perdu dans une relation au moment où ils la quittent ou y mettent fin. Les leaders évaluent le niveau le plus élevé de leadership qu'ils ont pu atteindre avec la personne avec qui ils étaient !

Avant de porter mon leadership à un niveau de maturation plus élevé, je vivais toujours mal les séparations que ce soit dans ma vie professionnelle que personnelle. Avec le temps, j'ai compris que les séparations s'opèrent souvent dans un océan d'émotions et qu'en général la séparation est toujours un besoin d'assouvissement qu'autre chose.

Si je cause et décide rarement des séparations (si ce n'est jamais), j'ai fini par comprendre qu'il y a bien de choses intéressantes qui peuvent se passer bien après une séparation lorsque je m'assure de manifester abondamment du leadership pendant la relation et la quitte sur la note de leadership la plus élevée possible.

J'ai compris que devoir se séparer avec les gens n'est pas l'exercice le plus facile. Mais s'il y a une chose qui compte vraiment, c'est le niveau de leadership que nous arrivons à atteindre avec eux au moment de la séparation.

- *La personne pense qu'elle n'a plus besoin de moi et qu'elle a fait son temps avec moi et que c'est le moment de passer à autre chose*. Mission accomplie ! J'aurais servi à quelque chose à un moment donné de sa vie ! C'est du leadership ça !

- ***La personne part très fâché parce que je n'ai pas été correct avec elle (selon elle).*** Sans me défendre, j'ai une chose à faire : continuer de m'améliorer pour finir par devenir la personne qui réussisse ou aurait pu réussir avec elle…

- ***Nous sommes arrivés à un moment où c'est mieux pour nous deux et pour le groupe (l'organisation ou l'entreprise) dont nous sommes membres que nous nous séparions***. L'essentiel est que je me sois élevé au niveau de qualité de relation le plus élevé possible avec lui et que nous gardions d'excellentes relations !

- ***Si je dois mettre fin à la relation parce que je suis fatigué de me laisser fatiguer par l'attitude de l'autre et ses résultats décevants et que je pense que la séparation lui ferait du bien***, je sais très bien que je suis en train de jeter l'éponge ! Une chose qui va dégrader la quotte de mon leadership parce que les leaders ne jettent pas l'éponge – à moins de ne plus prétendre être et rester l'homme de la situation !

Lorsque vous devenez le leader d'une relation, vous vous rendrez compte d'une chose : ***Les faibles peuvent gâter ou quitter une relation mais seul le leader peut l'arranger ou y mettre fin***.
Vous restez donc en mesure de l'améliorer ! Qu'à cela ne tienne, utilisez le temps disponible pour atteindre le niveau le plus élevé possible ! Prenez de la hauteur ! Soyez différent ! Montrez-vous grand ! Soyez grand ! Souriez ! Manifestez du leadership !

Utilisez positivement cet avantage donc. Soyez le leader qui ait tellement marqué sa vie au point où il sache vers qui se tourner quand il est coincé. Faites votre travail et avancez seulement. Même enragé, le chien se trompe rarement de la porte d'entrée de la maison de son maître.

Soyez un bon maître ! Gagnez la bataille intérieure ! Gardez le Lead ! Continuez d'alimenter et d'imprégner d'une grosse empreinte de leadership chacune de vos relations ! Rachetez-vous quand vous devez le faire ! Restez engagé ! Faites de sorte que chaque personne qui aura fait avec vous se souvienne que vous vous êtes montré comme le plus grand leader qu'elle n'ait jamais connu ! Faites-le pour vous ! Faites-le pour le grand bonheur de votre leadership ! Faites-le pour réussir avec les autres ! Faites-le pour devenir grand ! Pratiquez le leadership gagnant !

78.

NE LAISSEZ PAS VOTRE NIVEAU PLAFONNER LA QUALITE DE VOS RELATIONS

L'une des causes du plafonnement des résultats et de la qualité des relations en général est essentiellement liée à la qualité et au niveau de la personne la plus mature dans la relation ! Si bien que si vous ne continuez pas de vous challenger et de vous améliorer, vous allez plafonner voire dégrader inconsciemment la qualité de vos relations avec les autres !

- Par exemple, savez-vous pourquoi la qualité de vos relations avec XYZ n'est pas exceptionnelle ? Parce qu'il n'y a aucune personne à qualité exceptionnelle dans la relation ! Parce que sincèrement, si vous étiez d'un niveau exceptionnel, vous aurez su élever le niveau de vos réactions et de votre attitude au point où la relation ne peut tomber définitivement dans les bassesses.

    Vous ne pouvez pas atteindre un niveau exceptionnel de résultat et de qualité dans vos relations et dans vos initiatives si ce n'est que vous êtes à un niveau exceptionnel sur le plan émotionnel, mental et comportemental.

- La performance d'une équipe/organisation est limitée par la personne la plus compétente de l'équipe ou de l'organisation.

    Aucune équipe ne peut exceller à son niveau optimal si celui ou celle qui la dirige n'est pas d'un niveau exceptionnel sur le plan technique, émotionnel, mental et attitudinal.

Le niveau personnel d'un manager est un frein ou un accélérateur de la croissance de son organisation. C'est pour cela qu'il doit se développer constamment.

Au lieu de nous en prendre aux membres de notre équipe ou aux gens avec qui nous sommes en relation pour leur niveau insuffisant ou la qualité insuffisante de leurs attitudes ou la bassesse de leurs réactions, nous devons nous poser quelques questions déterminantes pour notre efficacité personnelle, sociale, relationnelle et managériale :

1) A quel point le faible niveau de maturité de mon exemplarité et de mon leadership fait que je n'arrive pas à inspirer et à obliger les autres par la référence que je constitue à se montrer exceptionnels ?

2) A quel point le niveau faible de mes réactions et de mes provocations amène-t-il souvent les autres à réagir à un niveau encore plus bas et fait que nous n'arrivons pas à prendre de la hauteur afin de faire réussir la relation ?

3) A quel point j'ai travaillé à me remettre en cause et à améliorer certains points de mon caractère qui font que j'ai souvent de la difficulté dans mes relations ?

4) A quel point je peux dire que je m'oblige à me remettre en cause, à monter en fonction et à grandir rapidement (en tirant des leçons positives de mes relations qui ont marché ou échoué par exemple) pour faire réussir chacune de mes relations avec les autres ?

Faites de sorte que la qualité de votre état d'esprit, de votre attitude et de vos habitudes ne torpillent pas la qualité de vos relations avec les autres ! Visez à chaque fois des niveaux de maturité élevés ! Visez la grandeur ! Réussissez avec vous-mêmes et faites réussir vos relations ! Prenez de la hauteur ! Montez en compétence ! Passez à un dépassement de fonction ! Montrez-vous grand ! Manifestez du leadership !

79.

DEVENEZ LE LEADER QUI SACHE FAIRE REUSSIR VOS RELATIONS

Lorsqu'il y a un leader dans une relation elle marche toujours ! Si bien que si une relation ne vous marche pas, vous devez vous demander : « Est-ce que j'ai bien joué mon rôle de leader dans cette situation ? ».

Un 25 mai 2017 je prenais un vol Air Côte d'Ivoire d'Abidjan pour Bamako. Au bout de quelques 42 minutes, le commandant nous annonce que l'un des circuits électriques de l'avion avait lâché, avant de nous rassurer que le deuxième circuit fonctionnait parfaitement...Nous avions réussi notre retour sain et sauf sur Abidjan avant de changer d'appareil (J'ai pu apprécier la réactivité de Air Cote d'Ivoire ce jour-là).

J'avais compris que si le deuxième circuit déconnait à cause du premier, nous allions faire un crash.

Alors je me suis demandé : Pourquoi y a-t-il souvent tant de clashes dans nos relations ?

Justement parce que lorsque l'autre déconne et ne fonctionne plus bien émotionnellement, nous décidons de déconner et de ne plus bien fonctionner nous aussi.

Si nous pouvons décider d'être le circuit électrique et le réacteur de nos avions/relations qui sait prendre le LEAD lorsque les autres sont en panne, nos relations seront meilleures et auront moins de CLASH.

- Votre fournisseur-ci déconne grave et ne sait pas vous livrer quand vous en avez besoin. Vous pensez donc que la meilleure façon d'arrêter de ne pas perdre du temps, c'est de le changer ! Oui, c'est ce que la plupart des gens feront ! Mais vous, auriez-vous réussi dans la relation en faisant pareil ? S'il déconne et que vous déconnez, ça va CLASHER !

- Vous pensez avoir évacué toutes les options d'amélioration et d'élévation pour réussir avec un collaborateur. Vous avez même décidé de mettre fin à la collaboration (à juste titre) comme l'aurait fait « tout bon manager ». Oui, c'est ce que la plupart des gens feront ! Mais vous, auriez-vous réussi dans la relation en faisant pareil ? S'il déconne et que vous déconnez, ça va CLASHER !

Et qu'est-ce que vous vous direz si quelqu'un les prend et réussit avec eux ? Ne serait-ce pas la confirmation qu'ils ont réussi là où vous n'avez pas réussi ?

On compte sur un collaborateur pour avoir de la conscience professionnelle et contribuer à la réussite de son équipe, peu importe son manager. C'est ce qui fera de lui un collaborateur leader ! Mais la plupart des gens concluent qu'ils n'ont pas réussi avec le manager alors que c'est eux qui ont échoué et n'ont pu rien faire pour réussir avec leur manager !

On compte sur un manager pour trouver les solutions internes et externes à l'équipe dont l'amélioration du climat interne et de la relation interpersonnelle !

Pourquoi nous nous en prenons aux gens lorsque nous échouons avec eux alors que nous n'avons rien pu faire pour faire réussir la relation ? Eh bien parce que nous pensons que ce n'était pas à nous de nous montrer leader pour sauver la relation ! Et qui avons-nous décidé de devenir lorsque nous refusons de nous montrer leader ? Tout sauf un leader !

Gagnez la bataille intérieure ! Soyez le lead qui maintienne en bon vol l'avion de vos relations ! Ne cédez pas parce que les autres ont cédé ! Ne craquez pas et n'abandonnez pas parce que les autres ont craqué et abandonné ! Prenez de la hauteur ! Adoptez la bonne attitude ! Montrez-vous grand ! Montrez-vous plus grand ! Manifestez du leadership !

80.

PROFITEZ DES BIENFAITS DE LA BONTE

Pour les leaders, il n'est pas bête d'être bon ! La bonté est stratégique, immunisante et thérapeutique !

- **La bonté vous rendra attractif et charismatique !** En effet, les gens suivent facilement ceux qui leur ont fait le plus de bien ! Donc, c'est intéressant pour un leader d'être Bon. Manifestez de la bonté et de la bienveillance et vous y gagnerez en tant que leader !

- **La bonté renforce notre système immunitaire.** Chaque fois que nous prenons du plaisir à poser des actes de bonté, nous secrétons de l'endorphine qui accélère la sécrétion de la dopamine, hormone responsable de la régénération et du renouvellement des cellules (avec le renforcement du système immunitaire et la lutte contre les rides/le vieillissement). Profitez des bienfaits de la bonté en étant délibérément bon envers les gens autour de vous !

- **La bonté augmente notre confiance en soi et notre courage.** Lorsque nous faisons preuve de bienveillance, de patience et de générosité, nous secrétons une autre hormone appelée l'ocytocine, celle-là responsable de l'optimisation de la zone du cerveau qui gère le niveau de courage et de confiance. Et c'est la raison pour laquelle les gens «sévères et méchants» se sentent constamment en insécurité comme les dictateurs paranoïaques ! Laissez la gentillesse doper votre confiance et votre sérénité !

Voyons ! Ca fait déjà trois bonnes raisons déterminantes pour la vie de chacun de nous. Et donc si vous êtes leader ou voulez l'être, utilisez la bonté comme outil pour y arriver ! Abusez de la bonté pour profiter en abondance de ces bienfaits !

Si vous êtes triste, sortez et posez un acte de bonté - vous retrouverez votre joie de vivre.

La bonté est stratégique et lorsque vous la pratiquez, vous devenez attractif et charismatique.

Faites des choses qui profitent à votre leadership et renforcent la référence que vous devenez ! Gagnez la bataille intérieure ! Pardonnez l'ingratitude ! Pratiquez le leadership gagnant ! Donnez le meilleur au monde et il vous célébrera en grand leader (un jour ou l'autre)! Prenez de la hauteur ! Adoptez la bonne attitude ! Montrez-vous grand ! Montrez-vous plus grand ! Manifestez du leadership !

81.

PARDONNEZ LEUR NIVEAU

Les gens agissent et réagissent en fonction de leur niveau de maturité. Si bien que lorsqu'ils disent ou font des choses étonnantes, blessantes et choquantes, nous devons vérifier le niveau de maturité auquel nous voulons nous situer nous-mêmes avant de réagir.

Lorsque plus rien de ce que l'être humain peut faire ou dire ne vous choque, ne vous blesse et ne vous étonne, vous savez que vous avez atteint le plus haut degré de maturité…C'est cela même « avoir réussi à élever son leadership ». Tout le monde peut se laisser choquer et bouleverser par les attitudes des gens qui ne savent pas surfer à un niveau de maturité très élevé…Et justement, la meilleure chose à faire dans une telle condition, c'est de ne pas leur en vouloir.

On ne peut pas en vouloir à une personne de ne pas être d'un niveau de maturité exceptionnel. Ce n'est pas de sa faute. Il n'a pas les moyens de faire mieux. C'est tout !

Pourquoi pensez-vous que cette personne sur qui vous comptez pour avoir des réactions plus mûres que ce que la plupart des gens ont n'a pas été à la hauteur de vos attentes ? Deux choses : soit elle n'avait pas les moyens de faire mieux ou elle a perdu les moyens.

Ne lui en voulez pas donc ! Vous êtes mûrs vous ? Montrez clairement que vous pouvez faire plus et que vous pouvez faire mieux ! Montrez-vous leader !

Je m'y suis particulièrement exercé à ce sujet et l'astuce qui a marché le plus lorsque je suis en face d'une personne, d'une situation, d'un fait ou une chose qui pourrait me choquer, me blesser ou m'étonner est celle-ci : **Sourire et me dire : « Oh le pauvre ! Ce qu'il a dit ou fait n'est que ce que son niveau de maturité lui permet. Pourquoi lui en vouloir ? ».**

L'une de nos responsabilités en tant que leader, c'est de capaciter les gens. Nous ne pouvons donc pas nous contenter du fait que les gens seraient incapables ! Il faut leur pardonner et les aider plutôt !

Pardonnez l'immaturité ! Pardonnez les incapacités ! Prenez à votre charge la responsabilité de comprendre que les autres n'ont pas toujours les moyens de se montrer grand et montrez-vous grand pour rendre témoignage au leadership ! Prenez de la hauteur ! Adoptez la bonne attitude ! Montrez-vous grand ! Montrez-vous plus grand ! Manifestez du leadership !

82.

CONSIDEREZ-LE COMME LE BAROMETRE DE VOTRE LEADERSHIP

La personne la plus difficile que vous avez à manager est votre vrai baromètre de leadership. Si vous savez vous élever pour réussir à la gérer, vous aurez élevé votre niveau de leadership.

Vous n'avez jamais un collaborateur /un enfant récalcitrant ni rebelle. Vous avez juste en face une personne qui vous rappelle que dans leur état actuel, vos méthodes de leadership n'ont aucune influence sur lui et que vous devez les revoir.

Sur le terrain de l'expression optimale du leadership, vous ne rencontrerez pas que des gens et des situations faciles. Attendez-vous à ce qui suit :

1) Des situations et des gens qui vous amèneront à relativiser et à vous réinventer.

2) Des collaborateurs, partenaires, associés presque intraitables qui vous obligeront à revoir les fondamentaux de votre maîtrise de soi.

3) Des tourments qui viendront renverser votre dispositif classique de production de résultat et le rendre désuet, affichant toute votre vulnérabilité.

Et c'est lorsque vous savez vous élever pour être plus grand que ce que vous avez en face que vous élevez votre leadership et passez à un niveau supérieur de grandeur !

Le leadership, ce n'est pas le fait d'être parfait et correct lorsque tout est correct et parfait.

Le leadership, c'est la façon dont vous réagissez face aux gens incorrects, aux situations insupportables, aux provocations intolérables et aux ratées des gens qui se battent pour être à la hauteur et qui ont besoin de temps, de patience, d'amour et d'encouragement.

Tout le monde peut être correct et parfait lorsqu'on est correct et parfait avec lui. Tout le monde peut être patient lorsque les autres font bien tout le temps. Mais seul le leader qui sait prendre de la hauteur face aux défaillances des autres et sait s'arrêter pour se demander :

1) Est-ce que je peux me permettre de réagir comme l'autre réagit ?

2) Pourquoi je ne cherche pas à comprendre ce qui lui arrive pour mieux comprendre pourquoi il agit ainsi ?

3) Peut-être qu'il ne sait pas ce qu'il fait ?

4) Et puis si je réagis comme lui, quelle sera la différence entre lui et moi ?

Lorsqu'une personne fait preuve de bassesses (sciemment ou inconsciemment), nous pouvons descendre au même niveau que lui ou prendre de la hauteur et manifester du leadership ! C'est ici même que le jeu du leadership se joue.

Travaillez sur vous ! Aiguisez votre leadership intérieur ! Élevez votre leadership ! Gagnez la bataille intérieure du leadership ! Montrez-vous plus que jamais Grand ! Manifestez du leadership ! Montrez-vous leader !

83.

SOYEZ LA CLE DE L'HARMONIE ET DE LA REUSSITE AVEC LES AUTRES

Les autres cherchent les gens avec qui ils vont réussir. Les leaders se battent pour trouver la clé de l'harmonie et de la réussite avec les autres.

La plupart des gens prétendent que si les autres étaient corrects et parfaits ils auraient réussi avec eux. Ce qu'ils oublient, c'est que tout le monde pense la même chose ! *Soyez le profil que tout le monde cherche et vous avez la clé pour devenir attractif et surtout pour réussir avec les autres !*

- Le manager qui veut former une équipe gagnante doit se demander : « ***Quel type de manager avec qui la plupart des gens qui peuvent contribuer à bâtir une équipe gagnante veulent travailler?*** ». Une fois qu'il trouve les qualificatifs et traits de ce manager, il ne lui restera qu'à devenir ce type de manager et il attirera des gens de qualité à lui.

- La jeune dame trentenaire qui veut faire un mariage de rêve avec l'homme le plus merveilleux qui réponde à ses critères doit se demander : « ***Quel est le type de femme que les hommes qui correspondent à mes critères recherchent et avec qui ils vont réussir leur mariage ?*** ». Elle doit tout faire pour devenir ce type de femme et elle attirera de magnifiques hommes merveilleux à elle si ce n'est des gens qui donneront tout pour la mériter à vie !

- Le jeune diplômé qui cherche un emploi de rêve ou le cadre qui veut une promotion doit se demander : « Quel est le type de profil les gens qui peuvent m'offrir mon **emploi de rêve ou la promotion que je désire recherchent?** ». Ensuite il doit tout faire pour devenir ce type de diplômé chercheur d'emploi ou de cadre qui aspire le plus rapidement possible à une promotion !

Au lieu de chercher désespérément des gens avec qui nous allons pouvoir réussir, nous devons travailler à devenir la personne avec qui les autres réussissent plus facilement.

Au lieu de se demander : « *Qui il me faut pour bâtir une relation réussie ?* », il faut se demander « *Quelle est la clé d'une relation réussie et qu'est-ce que je dois améliorer à mon niveau pour devenir la personne qui fait réussir ses relations avec les autres ?* ».

Faites de sorte que vous soyez la personne avec qui les gens finissent par réussir lorsqu'ils n'ont pas réussi avec les autres ! Soyez le manager qui les amène à découvrir leur potentiel et à l'exprimer parfaitement ! Soyez l'homme ou la femme avec laquelle ils ont fini par trouver la paix et la passion d'aimer et d'être aimé ! Soyez le leader qui réussit, fait réussir les autres et réussit avec eux ! Montez constamment en valeur ! Montrez-vous grand ! Montrez-vous plus grand ! Manifestez du leadership !

84.

FAITES PROFIL BAS FACE AU LEADER SITUATIONNEL

L'autre façon de tirer bon avantage de toutes les situations, c'est de savoir clairement quelles sont les situations dans lesquelles l'on n'est plus la référence et pour lesquelles il nous faut de l'aide d'une personne plus experte ou plus forte qui nous facilitera la vie !

La plupart des gens sont frustrés de ne pas pouvoir être maitre de toutes les situations ni « le leader technique ou physique » dans toutes les situations ! Ils veulent être spécialistes de tout et experts en tout et sont finalement déçus de voir qu'ils n'atteignent pas toujours les meilleurs niveaux de résultats possibles !

Comme on dit en Côte d'Ivoire : « ***Si la femme de ton mari est jolie, il faut le reconnaître !*** ». Acceptez que l'autre est plus fort que soi et que l'on a besoin de composer avec lui et se laisser diriger par lui n'est pas un signe de faiblesse ! Au contraire, c'est la meilleure façon d'utiliser son aide habilement pour atteindre et renforcer ses objectifs de leadership !

- *Vous êtes arrivé dans un quartier et vous vous perdez ? Ne perdez pas votre temps à vouloir jouer aux connaisseurs !* Faites profil bas ! Cet homme que vous voyez assis là-bas connaît peut-être le quartier mieux que vous ! Soumettez-vous à son pouvoir et demandez de l'aide - autrement vous allez perdre du temps, vous allez perdre le LEAD !

- *Excel vous dérange depuis 18 mois maintenant et désormais vous en avez plus que jamais besoin parce que vous devez faire des reporting* `réguliers` *!* Le gamin de 21 ans qui peut être votre fils-là peut vous aider ! C'est lui l'expert, c'est lui le leader en matière d'Excel que vous le veuillez ou non ! Faites profil bas ! Soumettez-vous à son pouvoir et demandez de l'aide autrement vous allez constamment perdre du temps et d'énergie et allez perdre le LEAD !

- *Il y a une pénurie de carburant et ce jeune homme là-bas nargue tout le monde alors que vous êtes une autorité respectable !* Vous allez vraiment prendre le contrôle de la situation et le forcez à vous servir ? Il va vous ridiculiser ! Faites profil bas et concentrez-vous sur vos besoins de carburant ! Pas besoin de vous en faire ! Pas besoin de rouspéter ! Ca ne changera rien ! Faites profil bas ! Laissez-le régner si vous ne pouvez pas trouver un moyen « leader » de le ramener à la raison !

- *C'est l'état de guerre et les « vilains » ont pris le pouvoir et plus de place pour les intelligents !* Le traitement qu'ils infligent aux gens ne vous plait pas ! Ne jouez pas au héro alors que vous n'êtes pas le leader de la situation ! Faites profil bas ! Composez avec eux ! Gardez votre objectifs en tête et payez tous les prix pour y arriver !

Soumettez-vous pour vos objectifs ! Ne vous faites pas du mauvais sang pour rien ! Ne jouez pas au héro vaniteux pour rien !

Savoir se laisser commander est l'autre façon de trouver la meilleure passe pour finir par commander !

Si une autre personne peut mieux faire les choses, a une meilleure expertise, vous fera gagner du temps et de l'énergie et vous économisera les frustrations inutiles, ne vous en faites pas pour vous ! Faites profil bas – Laissez- la vous diriger, laissez- la vous humilier, laissez-la vous enseigner si vous voyez clairement qu'elle est le leader de la situation !

Allez à l'école de l'humilité même si elle frise l'humiliation ! Faites stratégiquement profil bas ! Laissez-les gagner cette fois-ci ! Faites-le pour vos objectifs ! Faites tout pour vos objectifs ! Ne sacrifiez pas le rêve ! Faites toutes les compositions pour finir par devenir et rester leader ! Prenez de la hauteur ! Adoptez la bonne attitude ! Montrez-vous grand ! Montrez-vous plus grand ! Manifestez du leadership !

85.

DOMPTEZ LA DIFFICULTE ET DEVENEZ LE GUIDE

Seuls les chemins difficiles ont besoin de guide et de leader. Au lieu de fuir la difficulté ou de vous en plaindre, devenez celui ou celle qui a su la dompter et devenez la référence, le leader et le guide dans l'art de dompter de pareilles situations.

Chaque fois qu'une difficulté se présente, une porte est ouverte vers les sommets du leadership. Pourquoi donc ? Parce qu'a priori la plupart des gens ont la trouille face aux difficultés et ont besoin que d'autres personnes fassent le chemin, démystifient les processus et les méthodes pour y arriver et leur servent d'exemples, de modèles et de guide pour réussir eux-aussi !

Vous comprenez par là que l'homme ou la femme qui se propose de challenger les difficultés et de se battre pour y trouver des solutions afin de les dompter et en venir à bout devient automatiquement le guide et la source d'inspiration pour une multitude ?

C'est pour cela que l'habitude de fuir la difficulté nous condamne à la dépendance (à l'égard de ceux qui ont eu le courage d'avoir fait le chemin), à la contemplation de nos bêtes noires, à l'aigreur, à la résignation, à la jalousie, à la misère et à la dépression !

A l'ère des réseaux sociaux et de la presse à sensation, réussir même à dompter une seule difficulté peut faire de vous un expert, un héros, un leader, un guide, une source d'inspiration. L'exemple de Mamadou Gassama qui a pu monter pour sauver un enfant qui allait tomber du

4è étage le montre bien ! Et pourtant il s'agit d'un homme ordinaire !

Un peu d'audace, un peu d'endurance, un peu plus de concentration, un peu plus d'engagement peut faire de vous un héros du jour au lendemain !

Vous comprenez maintenant pourquoi nous insistons depuis le début du livre pour dire que chaque moment, chaque occasion, chaque défi, chaque opportunité qui se présente à nous est toujours l'opportunité de manifester du leadership !

Saisissez le moment de devenir une référence en allant challenger le statu quo et les difficultés ! Rien n'inspire les gens à rêver plus, à se donner plus, à vouloir être, faire et avoir plus que le fait de savoir que les choses n'ont pas été faciles pour vous non plus mais que vous avez réussi à dompter toutes les difficultés et braver toutes les intempéries pour y arriver !

Utilisez les difficultés pour devenir une référence, un modèle, le leader ! Continuez de vous challenger ! Continuez d'être audacieux et arrêtez d'écouter ceux qui disent que vous n'allez pas devenir un autre Mandela ! Elevez votre leadership ! Manifestez du leadership avec opportunisme ! Prenez de la hauteur ! Adoptez la bonne attitude ! Montrez-vous grand ! Montrez-vous plus grand ! Manifestez du leadership !

86.

RELEVEZ LE NIVEAU DE VOTRE SUCCES ET DONNEZ DE LA DIMENSION A VOTRE LEADERSHIP

Il y a « Réussir » et « Réussir » ! Ensuite il y a « Réussir » et « Réussir ». Enfin il y a « Réussir » et « Réussir ». Tout est question de niveau et tout est question de dimension ! Faites de sortes que lorsque les gens entendent que vous avez réussi, ce soit à la dimension la plus étendue et au degré le plus élevé qui soit !

Franchement, le succès est une question de LEVEL. Et vous ne pouvez pas jouer dans des divisions inférieures et vous trouver exceptionnel... Vous devez travailler à vous qualifier pour les manches supérieures en vue d'un meilleur degré de respectabilité !

Là où les autres se contentent des honneurs du quartier, vous devez viser la Champions League et la Coupe du Monde de votre domaine. La classe internationale !

Chaque niveau de succès est un apéritif. Il doit nous donner la soif et la faim de viser et poursuivre des niveaux de succès supérieurs. Si vous vous arrêtez en vous disant que vous n'avez plus faim, vous allez finir par vous réveiller la nuit avec l'estomac vide et ça sera sans doute la fin pour vous !

Le plus grand service que mon père m'ait jamais rendu, c'est de m'avoir puni pour avoir été 1er ex-aequo au CE1. Le trimestre suivant, j'ai eu 97/100 quand le 2e avait 72/100. Mon père m'a dit : «Tu vois il reste encore 3 points là». Quel insatiable le type !

Bonne nouvelle, j'ai définitivement appris qu'il a toujours de la marge de réalisation et qu'il n'y a aucune gêne à avoir de l'ambition abondante et si une personne me dit « Vraiment, vous êtes exceptionnel hein», Je lui dis : «Ahan ! Merci...! Au fait, Je vais là-haut et légèrement encore plus haut, juste après ! Tu vois ?»

Quand Jeff Bezos le fondateur d'Amazon avait atteint 12 milliards $ de fortune, Il a dit : «Nous sommes à la veille du 1er jour». Et voilà, il a pu atteindre en 2018 jusqu'à 130 milliards de dollars !

Franchement le leadership est une question de LEVEL ! Je ne sais pas à qui vous vous comparez souvent mais ne vous laissez pas distraire par les sensations de réussite et de leadership ! Elevez constamment votre leadership ! Ne vous contentez d'aucun niveau atteint, d'aucune dimension ! Il y a toujours de l'espace pour être un meilleur leader et devenir un grand leader !

Visez à chaque fois haut et toujours plus haut ! Passez constamment à des niveaux supérieurs ! Soyez outrageusement audacieux ! Quittez le leadership du quartier, de l'association ou au niveau national ! Elevez le niveau de vos exigences envers vous-mêmes ! Entrez dans la classe internationale ! Grandissez à chaque fois et Manifestez constamment du leadership !

87.

SOURIEZ. VOUS N'ETES JAMAIS COINCE

Les autres tentent des choses classiques face à la difficulté et ont l'impression d'être coincé. Les leaders sourissent, interpellent l'inédit et se disent : « **Il doit y avoir une solution. Il me faut juste un peu de flexibilité** »

Un leader n'est jamais coincé. Il peut avoir besoin de flexibilité ! Quand il n'y a pas de chemin il y a toujours un moyen de se frayer un chemin.

Lorsque vous pilotez un rêve ou un projet, il va arriver un moment où vous pensez que les choses sont bloquées et que rien ne bouge.

La vérité, c'est que vous n'êtes jamais coincé à moins de vous surprendre en train de faire l'une des choses suivantes :

1) Être trop pressé alors que vous avez besoin de temps et de maturation pour étaler la vraie raison de votre détermination.

2) Miser sur le succès rectiligne et espérer que les choses se passent d'une manière précise.

3) Comparer vos résultats à ceux des gens qui ont commencé depuis longtemps alors que vous venez à peine de franchir les étapes qualificatives...

4) Pratiquer la rigidité stratégique et penser que vos plans, méthodes et stratégies devraient marcher et que vous n'aurez jamais

besoin de les revoir.

5) Accuser le coup et laisser les ratées vous désarmer mentalement et émotionnellement.

Il y a toujours une voie à se frayer. Il suffit de savoir se demander : 1) Que faire ? Que lire/apprendre ? 3) Qui peut m'aider ? Impossible de passer ces trois étapes sans se tirer d'affaires.

Continuez de surfer à des dimensions supérieures ! Continuez d'élever votre leadership ! Et si vous avez l'impression d'être coincé, faites appel à la flexibilité ! Autorisez-vous à regarder au-delà du nez ! Faites quelque chose d'inédit ! Prenez de la hauteur ! Adoptez la bonne attitude ! Montrez-vous grand ! Montrez-vous plus grand ! Manifestez du leadership !

88.

ATTENDEZ-VOUS A NE PAS FAIRE QUE LES CHOSES PLAISANTES

Le meilleur conseil qu'on puisse donner à une personne qui embrasse l'aventure du leadership est le suivant : « ***Très peu de choses te plairont dans ce que tu seras appelé à faire ! Dans cette affaire, on est souvent amené à faire des choses qu'on a à faire n'en déplaise à soi-même et n'en déplaise à qui que ce soit !*** ».

La vie et la carrière d'une personne prennent une nouvelle dimension à partir du moment où il choisit clairement d'arrêter de faire les choses par Plaisir et les faire pour atteindre des objectifs précis que le processus lui plaise ou non...

Trop de gens ne veulent faire que les choses qui leur font plaisir alors qu'une bonne partie de l'engagement qu'il faut pour réaliser des performances exceptionnelles est très douloureuse...

Le moment où vous choisissiez de manifester constamment du leadership, vous aurez besoin de sortir l'étau à trois variables qui suit- avec la conscience d'avoir fait ce qui produira du résultat et vous montrera clairement que vous aviez raison en tant que leader :

- *La satisfaction personnelle* : Faire ce qui va vous satisfaire personnellement et vous faire plaisir.
- *Le politiquement correct* : Faire ce qui va faire plaisir aux autres même si cela conduit finalement à la stagnation !

- ***L'orientation résultat*** : Faire ce que vous avez à faire pour produire du résultat sur la durée même si cela ne vous plait pas maintenant et ne plait pas à tout le monde.

La plupart des leaders laissent les attachements personnels et le besoin de plaire aux autres les distraire et leur faire oublier ce qu'ils doivent faire pour produire du résultat en tant que leader.

Pour être sûrs de manifester du leadership et finir par faire de grandes choses pendant que nous aimons grandement les nôtres, nous devons faire ce qui doit être fait pour réussir n'en déplaise à nous-mêmes et n'en déplaise à qui que ce soit.

Voici l'une des équations majeures du leadership gagnant : **J'AI MAL + ÇA VA FAIRE MAL + SUR LA DURÉE, C'EST BON POUR TOUT LE MONDE = JE LE FAIS DONC !**

Il faut accepter tous les facteurs de cette équation pour faire de grandes choses. Ne laissons pas les attachements de court terme briser nos rêves de long terme. Osons devenir ce leader dont les gens qui nous aiment seront fiers !

Accrochez-vous aux fondamentaux du leadership ! Montrez qu'il est possible de se dépasser et de dépasser ses sentiments pour faire ce qu'il faut pour manifester du leadership ! Prenez de la hauteur ! Adoptez la bonne attitude ! Montrez-vous grand ! Montrez-vous plus grand ! Manifestez du leadership !

89.

LAISSEZ LE VENT PASSER. VOUS ALLEZ VOIR CLAIR

Laisser le vent (ce temps) passer et voir ensuite. Rien ne dure ! Rien n'est éternel !

Tout est passage ! Rien n'est éternel et quelle que soit l'impression que l'on puisse avoir qu'une situation perdure, l'issue finit toujours par se pointer à l'horizon ! Et les leaders le savent ! C'est pour cela qu'ils gardent le sourire et se préoccupent d'une seule chose quelles que soient les situations : « Comment continuer de manifester du leadership ! ».

Les instants difficiles finissent toujours par se faire remplacer par les moments d'espérance ! Les douleurs peuvent parfois paraître effroyables mais elles finissent toujours par se faire remplacer par le soulagement et la douceur de la guérison !

Il faut garder le sourire et se dire : «Ça va passer ! Rien n'est éternel !» et quelle que soit la durée de la nuit le soleil finit toujours par se lever !

- Vous voulez passer à l'étape suivante mais cela prend du temps ? Ça va passer !

- Vous voulez de la stabilité mais les défis se multiplient ? Ça va passer !

- Vous voulez donner le meilleur de vous-même mais les résultats semblent ingrats ? Ça va passer !

- Vous vivez l'injustice et l'incompréhension alors que vous êtes de bonne foi ? Ça va passer !

Vous doutez de vous et avez le sentiment que vous perdez jour après jour la confiance et le contrôle ? Relevez la tête ! Ça va passer !

Tout est passage et si ça prend du temps n'y perdez pas vos espoirs ! Tirez les leçons ! Relevez la tête et dites : Ça va passer et vous allez voir clair ! Personne ne peut voir clair avant la fin de l'orage ! Restez fidèle à vos fondamentaux ! Manifestez du leadership ! C'est le moment plus que jamais surtout quand c'est dur et terrible !

Conserve vos ambitions ! Visez la grandeur ! Ignorez les encours ! Elevez votre leadership ! Souriez ! Laissez couler ! Laissez passer ! Prenez de la hauteur ! Adoptez la bonne attitude ! Montrez-vous grand ! Montrez-vous plus grand ! Manifestez du leadership !

90.

SOYEZ AUTHENTIQUE. APPARAISSEZ TEL QUE VOUS ETES !

Il n'y a que ceux qui ne veulent pas faire preuve de caractère et d'authenticité qui sont préoccupés par le besoin d'avoir une bonne réputation et sont plus impressionnés par les photos retouchées de leur vie que ce qu'ils sont, font et ont dans la réalité !

- Au lieu de se demander : « *Qu'est-ce que je dois faire pour manifester du leadership n'en déplaise à ceux qui veulent que je leur fasse plaisir ?* », ils se demandent : « Qu'est-ce que je dois dire et afficher pour que les gens pensent que je suis parfait ? ».

- Au lieu de se demander : « Qui suis-je, qu'est-ce que je représente et qu'est-ce que je dois améliorer dans ma façon d'être, de faire et de me comporter pour devenir une meilleure personne, faire de meilleures choses pour avoir de meilleurs résultats ? », ils se demandent : « *Comment allons-nous présenter les choses pour que les gens pensent que tout est parfait, que nous sommes parfaits et que les résultats sont parfaits ?* »

- Au lieu de se demander : « *Comment je fais pour m'attaquer à l'optimisation des fondamentaux et aux reformes pour délivrer du résultat maintenant et sur la durée ?* », ils se demandent : « Qu'est-ce que je dois faire pour faire monter ma *quotte de popularité et faire croire aux gens que je suis leur plus grand bienfaiteur ? »*.

La réputation d'une personne, c'est ce que les gens pensent d'elle et pensent qu'elle est, fait ou a. Le caractère d'une personne, c'est ce qu'elle est, fait et a effectivement.

Les sages veulent montrer à tout le monde qu'ils sont parfaits et s'attèlent à soigner leur réputation. Les leaders sont préoccupés par l'obligation de manifester du leadership et de faire ce qui les fera rentrer dans l'histoire et s'assurent juste que leur façon d'être, de faire et de se comporter leur permettra d'y arriver !

Beaucoup voudront que vous soyez parfaits, c'est-à-dire faire croire à tout le monde que vous êtes impeccable, tâchez juste de manifester du leadership.

Le vrai caractère d'une personne, c'est ce qu'il fait lorsque personne ne le voit ! Ce n'est pas ce que les gens pensent de vous qui fera de vous un leader. C'est ce que vous êtes, faites et avez qui fera de vous un leader. Tout le reste qu'on essaie de cacher finit toujours par être découvert !

Optimisez constamment votre caractère ! Manifestez constamment du leadership ! Soyez authentique ! Soyez vous-mêmes ! Apparaissez tel que vous êtes et concentrez-vous à faire ce qui est en harmonie avec les valeurs et les résultats qui comptent plus pour vous et vous aideront à renforcer la valeur réelle de votre leadership ! Prenez de la hauteur ! Adoptez la bonne attitude ! Montrez-vous grand ! Montrez-vous plus grand ! Manifestez du leadership !

91.

ACCEPTEZ QUE LES AUTRES SOIENT DIFFERENTS DE VOUS

Les grands types recherchent le meilleur qu'il y a chez les autres. Les petits gens se contentent des moindres raisons de mépriser le faible pour peu qu'il soit différent d'eux. Ils pensent qu'ils s'élèvent en abaissant les autres oubliant qu'ils se dégradent en ne comptant que sur les faibles pour se donner de la valeur.

La valeur d'un homme dépend de comment il traite ceux qui sont différents de lui ! Acceptons que les autres soient différents de nous et ne soient pas aussi parfaits que nous (si tant que nous le sommes).

- *Pourquoi le senior qui est dans l'autre département ne suit pas vos tendances ?* Il est d'une autre époque. Comprenez-le.

- *Vous vous demandez pourquoi votre nouveau copain n'est pas aussi maniaque et organisée que vous ?* Il n'est pas vous.

- *Vous vous demandez pourquoi je ne parle pas et n'écris pas aussi bien le français que vous ?* Juste que j'ai encore du chemin à faire...

- *Pourquoi ce commercial est si agité et pense qu'il peut sympathiser avec tout le monde ?* Peut-être qu'il est moins timide - pardon - moins réservé que vous et certainement plus ouvert.

Faisons de sorte que le crime que les autres commettent à nos yeux ne soit pas le fait qu'ils ne soient pas comme nous.

Sanctifions le regard que nous posons sur les autres et tâchons de voir ce qu'ils ont d'appréciable et de beau et qui nous livre de bonnes raisons de les aimer et non ce qu'ils ont de méprisable qui nous autorise à les marginaliser...

Elevez-les à l'intérieur de vous ! Sur eux posez un regard aimant et non méprisant ! Voyez la grandeur chez les autres mêmes s'ils ne sont pas exactement ce que vous êtes et ce que vous auriez aimé qu'ils soient ! Gagnez la bataille intérieure ! Optez pour l'attitude supérieure ! Optez pour la grandeur ! Optez pour le leadership gagnant ! Prenez de la hauteur ! Adoptez la bonne attitude ! Montrez-vous grand ! Montrez-vous plus grand ! Manifestez du leadership !

92.

RENTREZ DANS LA CLASSE DES LEADERS QUI INSPIRENT DES LEADERS

Tenez bon ! Le monde a besoin de votre leadership ! Soyez des rares qui vont au bout de leurs idées et viennent nous rappeler à travers le retour de leurs résultats retentissants que c'est possible ! TENEZ BON. LE MONDE A BESOIN DE VOTRE LEADERSHIP.

Chaque personne qui va au bout de ses rêves et réalise un exploit, rend témoignage à ses valeurs et à son leadership, devient le leader qui inspire et fait penser à des millions de gens : «C'est possible ! S'il ou elle a pu y arriver, je vais y arriver !»

Chaque personne qui ne va pas au bout de ses rêves et abandonne rend amers des millions de gens qui se disent: «Tu as vu non ? Ce truc n'est pas facile. Même lui n'a pas pu y arriver.» Vraiment ! Le monde a besoin de leader qui inspire et qui vont rêver à nouveau !

Voyez-vous ? Lorsque nous portons un rêve, lorsque nous avons des idéaux, nous devenons automatiquement le porte-drapeau de toute une génération, un athlète du leadership qui doit servir d'exemple, inspirer et donner envie à une multitude de gens d'aller au bout de leurs rêves et de manifester du leadership jusqu'au bout !

Nous ne pouvons donc plus nous permettre d'abandonner parce que ce serait difficile. Arrivé à un certain niveau, un leader est un bien d'utilité publique. Il ne s'appartient plus ; il devient une source d'inspiration. Et quand la tentation d'abandonner arrivera, il doit se dire : «*Je ne peux pas abandonner comme ça ! Il y a autant de gens qui comptent sur moi, qui ont besoin de me voir réussir pour garder allumée la flamme de l'espoir que c'est possible !* «

Réussir n'est pas une option, c'est un devoir moral, une obligation sociétale !

Le monde a besoin de vous voir démarrer en leader, évoluer en leader et finir en leader ! Allez jusqu'au bout de votre leadership ! Grandissez ! Gravissez les montagnes ! Continuez de vous élever ! Souriez ! Avancez et manifestez grandement du leadership ! C'est ce que le monde veut voir ! Prenez de la hauteur ! Adoptez la bonne attitude ! Montrez-vous grand ! Montrez-vous plus grand ! Manifestez du leadership !

93.

REPRENEZ LE LEAD SUR DE VOS PENSEES

Il n'y a rien d'exceptionnel à penser et imaginer le pire que nous ne voulons pas lorsque nous avons a besoin de penser au meilleur dont nous avons besoin.

Notre imagination est à notre disposition pour construire une vie parfaite et non pour imaginer les aggravations enchaînées de notre situation (un mauvais sport que nous pratiquons chaque jour et qui ralentit ou torpille notre exemplarité et notre leadership)...

Montrons-nous leader dans la gestion de nos pensées ! Reprenons le LEAD sur nos pensées en ne conservant à notre esprit que les pensées correspondant aux résultats parfaits que nous souhaitons avoir...

Tout le monde peut être négatif lorsque les choses tournent mal ! Et la plupart des gens deviennent subitement amers rien qu'à l'annonce des désastres apparents...

Seuls les leaders qui gagnent la bataille mentale savent rester connectés aux résultats parfaits en posent les 3 questions suivantes :

1) Quel est l'objectif en effet ?

2) À quoi ressemblent les choses sachant que tout s'est bien passé ?

3) Comment je me sens sachant que tout s'est bien passé ?

Ils se mettent alors à penser, imaginer et sentir le résultat parfait et prennent ainsi le pas sur les désastres en cours...et restent étonnamment au dessus de la mêlée.

Gagnez le sourire ! Pensez à ce qui vous donnera de la joie ! Souriez ! Gagnez la bataille intérieure ! Prenez le Lead ! Restez aligné sur vos objectifs ! Prenez de la hauteur ! Adoptez la bonne attitude ! Montrez-vous grand ! Montrez-vous plus grand ! Manifestez du leadership !

94.

PARFOIS, CA PASSE PAR LA DOULEUR

Les gens forts se forment dans les situations difficiles. Offrez-vous en de temps en temps si vous n'en avez pas. Ne fuyez pas l'opportunité que les moments de douleurs et les conquêtes douloureuses vous offrent de devenir fort!

LE SUCCÈS, LES VRAIS EXPLOITS, PASSENT PAR L'INCONFORT ET LA DOULEUR ET LA MOTIVATION ARRIVE RAREMENT AVANT LES PREMIERS RÉSULTATS.

La plupart des choses qui valent la peine d'être faites ne sont pas du tout inspirantes à faire... Elles sont terriblement effrayantes et terrifiantes, elles pèsent lourdement et sont capables de faire descendre aux bords de l'humiliation et à la solde des moqueurs...

Seules les rares personnes qui sont prêtes à subir et endurer la douleur de l'inconfort mental et émotionnel réalisent les vrais succès...et deviennent des leaders qu'on cite en exemple et à qui tout le monde pense devoir ressembler !

Si vous tombez sur une personne qui vous inspire et vous motive à vous dépasser, profitez-en autant que possible... Maintenant tenez-vous bien. Si vous décidez de lui emboiter le pas, peu de choses seront motivantes et faciles dans ce que vous aurez à faire ! Attendez-vous à quelques inconforts et quelques douleurs !

Vous allez non seulement oublier les motivations reçues... Vous oublierez même d'appliquer à vous-mêmes les encouragements et les inspirations que vous apportez aux autres...

Manifester du leadership est éprouvant... Devoir faire la différence et rehausser constamment le niveau de votre conscience n'est pas la chose la plus évidente ! Parfois vous vous demanderez si vous avez besoin de vous battre autant et de subir autant pour vraiment manifester du leadership ! Oui parce que justement, tout le monde ne pourra pas mériter le nom de leader ! Voulez-vous faire la différence, prenez de la hauteur ? Faites la différence !

Dépassez vos douleurs ! Dépassez vos peurs ! Embrassez votre combativité en leadership ! Montrez-vous grand ! Elevez constamment votre leadership ! Manifestez du leadership !

95.

SOURIEZ-GARDEZ VOTRE MORAL ELEVE. CEUX QUI VOUS SUIVENT EN ONT BESOIN

L'une des bonnes raisons pour lesquelles nous avons besoin de leader, c'est qu'il arrivera toujours des moments où tout le monde désespère. Lorsque viennent ces moments, on a besoin de leaders qui encore espèrent ! Sinon qui pourra montrer la direction !

La seule façon de rester la lueur qui brille lorsque les larmes ont trouvé la faille pour éteindre les espoirs, c'est d'avoir des guides qui peuvent sourire, nous faire espérer et nous faire entendre que tout ira pour le mieux, qui pourront nous dire « Hold on ! Smile ! Everything gonna be Ok ! » (Tiens bon ! Gardez le sourire ! Tout ira pour le mieux).

Lorsque tout semble aller mal, les gens attendent un guide...ils ont besoin d'un leader qui parle de sorte qu'ils retrouvent la voie de la vision plutôt que celle de la résignation.

Et lorsqu'à son tour le leader n'a pas le moral, ses hommes désarment.

En temps de défis, le leader adopte l'attitude positive requise pour rester aligné sur la vision afin que les gens ne disent pas qu'on va droit dans le mur et retrouvent l'espoir que le rêve va s'accomplir.

Pour ce faire, Il ne peut se permettre de perdre la joie de vivre sinon il casse le moral à tout le monde au travail comme à la maison

Le leader doit tout faire pour ne pas distiller la désolation car lorsqu'il distille la désolation au niveau de ses N-1, ces derniers la forwardent à leurs collaborateurs et toute l'organisation est contaminée.

Là où les autres parlent de «catastrophe», de «problème», de «malheureusement», le leader dit : «Que pouvons-nous faire ? «, «Tout va rentrer dans l'ordre», «Pas de challenge»,

Développons un mental d'acier et restons fort pour semer du bonheur au sein de nos équipes pendant les moments difficiles et emballer nos équipes dans l'entrain nécessaire pour réaliser le rêve collectif.

Sourions quand tout le monde désespère ! Prions lorsque tout le monde crie ! Tenons nos lampes allumées ! Restons les leaders ! Manifestons le leader ! Manifestons du leadership quoi qu'il en soit ! Prenons de la hauteur ! Adoptons la bonne attitude ! Montrons-nous grand ! Montrons-nous plus grand ! Manifestons du leadership !

96.

ACTIVEZ VOTRE PLAN
« VIGILANCE LEADERSHIP »

Il est difficile de manifester du leadership à tous les coups lorsqu'on n'a pas de plan pour.

Lorsqu'on n'a pas de plan pour réussir, c'est qu'on a inconsciemment planifié l'échec. Si vous n'avez pas un dispositif en place pour manifester constamment du leadership, il sera difficile de manifester du leadership.

Jusqu'à ce que manifester du leadership devienne pour nous un réflexe et que cela soit notre réaction naturelle, il nous faudra un plan et de la vigilance. Il nous faudra de la veille et de la volonté. Il nous faudra de l'action et de la détermination !

Voici les 7 éléments de mon plan « Vigilance Leadership » :

- La prière et la méditation régulières pour optimiser ma capacité à écouter la voie intérieure et m'aligner sur mon guide intuitif profond !
- La docilité spirituelle pour laisser les orientations de l'intuition prendre le dessus sur mes envies matérielles de précaution et d'action.
- Le rappel de mes résultats pour laisser l'Esprit diriger le pilotage de mes plans d'optimisation de résultats !
- Le rappel constant de mes « pourquoi » pour ne pas perdre de vue

pourquoi je ne peux pas me permettre de faire autre chose que de manifester du leadership
- La vérification constante des pertinences pour m'assurer de ce que ce que je vais faire va me permettre de produire du résultat sur la durée et faire de moi un leader
- L'activation du sourire manifeste pour noyer les incrédulités et les doutes quant à ma capacité à finir par triompher et dompter toutes les situations !
- L'activation de la gratitude constante pour savoir que quoi qu'il en soit tout finira par me sourire et me faire gagner dans toutes les situations !

Le leadership a besoin d'un plan pour s'activer ! Le leadership a besoin de l'action pour s'approfondir ! Le leadership a besoin du leader pour murir et grandir ! Le leadership se cultive et personne n'est jamais devenu trop grand pour ne plus avoir besoin de continuer d'élever son niveau leadership et de s'obliger à être à chaque fois très grand !

Dopez votre leadership ! Animez votre leadership ! Cultivez votre leadership ! Ne banalisez pas les efforts que vous devez faire pour y arriver ! Ne vous contentez pas des bonnes choses à faire ! Ayez un plan pour faire ce qui optimisera votre leadership ! Ritualisez votre croissance ! Elevez votre leadership et rendez-vous capable de manifester constamment du leadership ! Montrez-vous grand ! Montrez-vous plus grand ! Manifestez du leadership !

97.

FAITES-VOUS LA FAVEUR DE MANIFESTER DU LEADERSHIP

Face aux défis de leadership, face aux besoins de se montrer leader, certaines personnes voudront que vous leur fassiez des faveurs ! Faites la faveur à tout le monde donc ! Faites-vous faveur et manifestez du leadership !

C'est votre habitude de faire le sport chaque lundi soir à 21h ! Vous avez inclus vos amis dans ce rituel et ce lundi soir, il a plu ! La plupart des gens veulent s'offrir une exception ! Et voilà ! Ils n'iront pas courir ce soir ! Faites-leur la faveur de voir que la discipline est possible ! Faites-vous la faveur d'être celui qui montre l'exemple et qui laisse clairement entendre aux gens qu'il n'y a pas d'exception à la manifestation du leadership !

Vous avez l'habitude de laver vos assiettes et les couverts lorsque vous finissez de diner ! Ce soir est jour d'anniversaire ! Vous avez beaucoup fêté et jacassé à la table jusqu'à tard dans la nuit et visiblement tout le monde est pressé d'aller se coucher ! Personne n'a envie de faire la vaisselle ! C'est jour de fête et on est tenté de se faire la faveur de l'exception ! Faites-vous la faveur et déclenchez le début de la vaisselle ! Faites-vous la faveur d'être celui qui montre l'exemple et qui laisse clairement entendre aux gens qu'il n'y a pas d'exception à la manifestation du leadership !

Ces dernières semaines votre fils ainé s'est vraiment montré très récalcitrant avec sa mère et vous n'êtes vraiment pas d'accord avec lui ! Et pourtant il a eu de très bonnes notes en classe, dépassant la moyenne que vous et lui vous êtes imposée ! En contrepartie, vous devez lui offrir des vacances chez ses cousins ! Vous êtes tenté de ne pas lui faire la faveur des vacances parce qu'il n'a pas été particulièrement docile cette année - même s'il a eu de très bonnes notes ! Prenez de la hauteur ! Ne prenez pas les choses personnellement ! Faites-lui la faveur d'apprendre à respecter la parole donnée ! Faites-vous la faveur de montrer que vous savez remplir votre part de contrat ! Offrez-lui ses vacances ! Faites-vous la faveur d'être celui qui montre l'exemple et qui laisse clairement entendre aux gens qu'il n'y a pas d'exception à la manifestation du leadership !

Bien de situations peuvent travestir nos sensibilités et nous faire croire qu'il y a mieux à faire que de manifester du leadership ! C'est pendant ces moments que nous devons nous faire la faveur de faire l'une des rares qui nous permettra de continuer d'être un leader : manifester du leadership !

Ne vous faites pas des exceptions ! Ne tombez pas dans le piège du favoritisme ! Soyez affectueux mais surtout faites-vous la faveur de manifester du leadership ! Montrez de la compassion et quoi qu'il en soit faites-vous la faveur de manifester du leadership ! Votre leadership veut vous rendre grand encore et encore ! Faites-vous la faveur de la manifester encore et encore ! Montrez-vous grand ! Montrez-vous plus grand ! Manifestez du leadership !

98.

MANIFESTEZ DU LEADERSHIP SURTOUT FACE A L'IGNOBLE

Que faire lorsque c'est inacceptable et que vous avez accepté ? Ensuite c'est répété et vous avez été tolérant ! Ensuite, le rubicond a été franchi et vous vous demandez bien s'il y a bien besoin de se donner une nouvelle chance de manifester du leadership ou s'il faut perdre le contrôle de votre attitude et descendre en altitude !

C'est simple ! C'est clairement ignoble ? Ça peut vous rendre leader ! Si une personne se permet de faire ce que la personne la plus patiente que vous connaissez ne peut tolérer, c'est une opportunité ! Saisissez-la pour manifester du leadership !

- *Que font-ils lorsqu'ils sont provoqués ?* Les leaders saisissent l'occasion pour manifester du leadership en empruntant les escaliers supérieurs !

- *Que font-ils lorsqu'ils sont poussés à bout ?* Les leaders saisissent l'occasion pour élever leur niveau – parfois en choisissant la voie du silence !

- *Que font-ils lorsqu'on tente de faire d'eux des victimes ?* Les leaders saisissent l'occasion pour monter en puissance, renforcent leur autodétermination et se disent : « Tout dépend de comment je choisis de me voir et de me sentir dans cette situation ! En tout cas, je ne veux pas passer pour une victime ! »

- ***Que font-ils lorsqu'on s'attend à ce qu'ils se vengent et passent aux représailles ?*** Les leaders saisissent l'opportunité pour renforcer leurs imprévisibilités en pardonnant et en accueillant avec patience et douceur !

- ***Que font-ils lorsque tout le monde est unanime qu'il faut faire quelque chose dans le sens de ce que le commun des mortels aurait pu faire ?*** Les leaders saisissent l'opportunité pour élever le niveau et adopter une attitude supérieure !

Allez-y voir ce que les autres pensent d'eux lorsque tout finit par se calmer : « *Vraiment, je suis impressionné par votre maitrise imperturbable ! Il fut un moment où je pensais que vous alliez céder et craquer mais vous avez tenu bon ! Je suis impressionné* ».

Voyez-vous ? Les challenges sont moins des occasions et des excuses pour faillir si ce n'est pas qu'ils nous offrent l'opportunité de nous élever et d'élever notre leadership !

Elevez votre leadership ! Faites la différence ! Montez en leadership ! Montez en fonction ! Montrez-vous grand et digne ! Montrez-vous leader ! Manifestez du leadership quoi qu'il en soit ! Prenez de la hauteur ! Adoptez la bonne attitude ! Montrez-vous grand ! Montrez-vous plus grand ! Manifestez du leadership !

99.

OPTIMISEZ VOTRE INTELLIGENCE EMOTIONNELLE

Lorsque les gens sont troublés, ils perdent la logique et font du sensationnel et du récit émotionnel... Au lieu de leur opposer de la logique, il faut entrer dans leur logique pour lire leur récit émotionnel et essayer de les rassurer... C'est une fois qu'ils sont rassurés qu'il faut leur parler de logique...

- *Un partenaire ou un collaborateur se plaint alors qu'il n'est pas en droit, il faut entendre ses pleurs et comprendre ses pleurs et une fois qu'il sèche les larmes, lui faire entendre raison.*

  On ne fait pas de plaidoyer face à un fou, il faut faire profil bas, rentrer dans sa logique, le contenter ou lui donner l'impression qu'on le contente *afin qu'il retrouve raison avant d'essayer de lui faire entendre raison.*

- *Une personne est en train de faire du bruit pour démontrer qu'elle a raison et tu lui dis qu'elle a parfaitement raison ; cela le casse et il ne sait plus quoi faire avec ses armes et préfèrent alors coopérer avec toi.*

  Il y a des gens qui cherchent constamment un ennemi à abattre, si tu te positionnes comme leur ennemi, ils vont se décharger sur toi...Lorsque tu leur donnes l'impression que tu es avec eux, ils sont totalement désarmés ne sachant plus qui attaquer.

  Les situations inacceptables et intolérables, les personnes

émues et les « centrales nucléaires » dites « personnes compliquées » sont des provocateurs et des perturbateurs émotionnels. Il faut prendre de la hauteur pour les gérer. Ils viennent nous challenger !

Ils sont des guides émotionnels personnels (GEP) qui vous guideront vers l'élévation de votre leadership si vous savez prendre de la hauteur et vous ajuster ou vers la déchéance si vous trouvez de bonnes raisons de baisser les bras, de baisser la garde et capitulez !

Elevez-vous donc pour être plus grand que ce que vous avez en face. Optimisez votre intelligence émotionnelle !

Travaillez sur vous donc ! Élevez votre leadership ! Gagnez la bataille intérieure du leadership ! Pratiquez le leadership gagnant ! Prenez de la hauteur ! Adoptez la bonne attitude ! Montrez-vous grand ! Montrez-vous plus grand ! Manifestez du leadership !

100.

ASSUMEZ LA RESPONSABILITE DE LA REVELATION DE VOTRE LEADERSHIP

La responsabilité de la révélation de votre leadership vous incombe en premier et en dernier ressort !

Il y a personne dont la responsabilité serait de faire de vous un leader ! Le monde attend plus de nous que nous manifestions du leadership qu'il ne veut nous aider à manifester du leadership ! Les gens attendent des leaders à élever ; ils ne sont pas capables d'en fabriquer.

Les gens qui vous challengent vous offrent l'opportunité de finir leader si vous savez manifester du leadership ! Profitez-en !

Les grands leaders n'attendent pas le monde. Ils savent que le monde a besoin d'eux ! Ils proposent au monde les produits de la réalisation de leurs grands rêves !

Le pire qui puisse nous arriver, c'est d'attendre le TOP d'une personne ou son aide pour nous lancer à fond dans la manifestation et la révélation de notre leadership...Ce n'est pas sa responsabilité !

Aucun parent, aucun collaborateur, aucun enfant, aucun ami, aucun gouvernement ni institution n'a la responsabilité de manifester du leadership à votre place...Il faut vous vous lever pour le manifester et le révéler pour inspirer tout le respect auquel « être leader » donne droit !

Il n'y a personne qui voudra se préoccuper de vous aider. Au contraire, vous rencontrerez plus de gens qui vont peser sur votre leadership plus qu'ils ne chercheront à l'élever ! Quoi donc ? C'est une aubaine ! Saisissez-la pour manifester du leadership !

- Ceux qui ne croient pas en vous rappellent une chose: *si vous accordez de la valeur à ce qu'ils disent, vous ne reconnaîtrez plus votre propre valeur.*

- Ceux qui vous attaquent vous rappellent une chose : *si vous ne détournez pas votre regard de leurs attaques, vous allez détourner votre regard du travail que vous avez à faire et restez aussi bas qu'eux.*

- Ceux qui ne pensent plus qu'on puisse manifester du leadership et ont abandonné vous rappellent une chose: *vous allez les rejoindre si vous abandonnez vous aussi.*

- Ceux qui vous découragent de manifester constamment du leadership vous rappellent une chose: *si vous pouvez vous décourager comme eux, ils ne seront pas gênés de devoir vous supporter comme le leader, le héro et le modèle à suivre !*

- Les difficultés vous rappellent une seule chose : *une fois que tu auras fini de nous dompter, tu seras célébré désormais comme un Homme d'honneur et un leader de référence !*

Embrassez les défis du leadership ! Sauvez votre leadership! Emballez-vous dans les élans du leadership ! Révélez votre leadership ! Souriez et montrez-vous leader ! Saisissez vos opportunités et manifestez du leadership ! Prenez de la hauteur ! Adoptez la bonne attitude ! Montrez-vous grand ! Montrez-vous plus grand ! Manifestez du leadership !

101.

CEDEZ LE PASSAGE ! FAITES MARCHE ARRIERE ET DECOLLEZ

Laisser couler.

Laisser faire.

Souriez.

Souriez encore.

Voyez grand.

Visez grand.

Souriez surtout.

Pardonnez.

Souriez. Souriez. Souriez.

Montrez-vous grand.

Montez en fonction.

Montrez-vous encore plus grand.

Faites mieux.

Faites la différence.

Montez en altitude.

Montrez la voie.

Brillez.

Brillez encore.

Donnez le meilleur de vous ! Donnez le meilleur au monde ! Donnez le meilleur que vous puissiez avoir ! Soyez le meilleur quoi que vous fassiez ! Soyez le meilleur que vous puissiez être ! Montrez-vous leader ! Gagnez les batailles intérieures ! Elevez votre leadership ! Manifestez du leadership ! Gardez le sourire et constamment, manifestez du leadership ! Quoi qu'il en soit souriez et manifestez du leadership !

LE PASSAGE

The H&C Group

Achevé d'être imprimé le 14 juillet 2018

Tous droits réserves @Hermann H. CAKPO

www.ingramcontent.com/pod-product-compliance
Lightning Source LLC
Chambersburg PA
CBHW030619220526
45463CB00004B/1351